Carl-Auer

Ruth Seliger

Einführung in Großgruppen-Methoden

Vierte Auflage, 2020

Umschlaggestaltung: Uwe Göbel
Satz: Verlagsservice Hegele, Heiligkreuzsteinach
Printed in the Czech Republic
Druck und Bindung: FINIDR, s. r. o.

Product footprint CO_2 Neutral
NC-CFM-015258
www.nepcon.net

MIX
Papier aus verantwortungsvollen Quellen
FSC www.fsc.org
FSC® C014138

Vierte Auflage, 2020
ISBN 978-3-89670-618-8 (Printausgabe)
ISBN 978-3-8497-8220-7 (ePub)

Bibliografische Information der Deutschen Nationalbibliothek:
Die Deutsche Nationalbibliothek verzeichnet diese Publikation in der Deutschen Nationalbibliografie; detaillierte bibliografische Daten sind im Internet über http://dnb.d-nb.de abrufbar.

Informationen zu unserem gesamten Programm, unseren Autoren und zum Verlag finden Sie unter: **www.carl-auer.de**.

Wenn Sie Interesse an unseren monatlichen Nachrichten haben, abonnieren Sie den Newsletter unter http://www.carl-auer.de/newsletter.

Carl-Auer Verlag GmbH
Vangerowstraße 14 • 69115 Heidelberg
Tel. +49 6221 6438-0 • Fax +49 6221 6438-22
info@carl-auer.de

Inhalt

1. Einleitung

Im Jahre 1996 steckte ich gerade in einem komplizierten Verfahren zur Klärung des Auftrags seitens eines österreichischen Energieunternehmens mit ca. 4000 Mitarbeitern. Das Management hatte sich für neue Prozesse in einem bestimmten Bereich, der das gesamte Unternehmen betraf, entschlossen. Nun sollte jemand diese neue Idee und das neue Verfahren in das Unternehmen und zu den Mitarbeitern transportieren. Die Personalentwicklung war mit dieser Frage betraut worden und suchte nun geeignete externe Partner, die die Botschaft ins Unternehmen tragen sollten. Vorgesehen war eine Serie von eintägigen Workshops mit jeweils etwa zwölf Personen. Das ergab eine Menge von mehr als 300 Workshops.

Mein erster Gedanke war *Cats*, das Musical, das über viele Jahre täglich gespielt wurde und von dem man sich erzählte, dass die Darsteller nach der 400. Aufführung am Rande des Wahnsinns waren und ausgetauscht werden mussten.

Ich wusste damals, dass dieser Weg für einen Erneuerungsprozess nicht erfolgreich sein konnte. Zwar waren Management und Personalentwicklung bemüht, die „Betroffenen zu Beteiligten" zu machen, aber es war abzusehen, dass die Welt und damit das Unternehmen sich verändern würde, während man beim 150. Workshop noch die Entscheidungen des Vorjahres vortragen und diskutieren würde.

Ich lehnte die Anfrage ab. Ich hatte damals keine adäquate Methode zur Verfügung, um das Problem dieser Organisation zu lösen.

Kurz darauf, genau genommen ebenfalls noch im Jahr 1996, habe ich erstmals über Großgruppearbeit gelesen. Die Zeitschrift *Organisationsentwicklung* brachte eine ganze Serie von Berichten über eine Methode, die für mich einen spontanen Perspektivenwechsel auslöste. Obwohl ich mich damals schon als systemische Organisationsberaterin verstand, war meine Arbeit bis dahin von den Ideen und Regeln der klassischen Organisationsentwicklung geprägt gewesen. So fragten wir zwar zirkulär, betrachteten aber die Gruppe oder das Team weiterhin als den wichtigsten Hebel von Veränderungen. Der Workshop war das Basissetting. Wir waren es gewohnt, Organisationen in viele Teams und Gruppen und Prozesse zu zerlegen und sie in eine sequentielle Abfolge von immer wieder den gleichen Settings von Workshops mit ca. zwölf Personen zu bringen. Mit dem ganzen System zu arbeiten war ein neuer, faszinierender Gedanke: Das Ziel war die Gleichzeitigkeit und Gemeinsamkeit von Veränderungsprozessen in komplexen Systemen.

Matthias zur Bonsen bot in jenem Jahr einen Workshop an, in dem er die drei wichtigsten Methoden vorstellte: Zukunftskonferenzen, Real Time Strategic Change-Konferenzen (RTSC) und Open Space. Obwohl schon früher im Rahmen der Gruppendynamik gemeinsam mit Marvin Weisbord über Zukunftskonferenzen gelernt worden war, war dieser Workshop der Beginn der Erfolgsgeschichte von Großgruppen in Deutschland und Österreich.

Noch während des Workshops vereinbarte ich mit Matthias zur Bonsen, diese neuen Methoden in Österreich vorzustellen. Viele Jahre lang bildeten wir gemeinsam die österreichische Beraterszene aus und machten diese Methoden bekannt.

Mein Institut lud die Pioniere aus den USA nach Wien ein, ihre Methoden persönlich zu präsentieren: Marvin Weisbord und Sandra Janoff hielten einen Workshop über Zukunftskonferenzen ab, Sylvia James und Paul D. Tolchinsky stellten RTSC-Konferenzen vor, Harrison Owen präsentierte den Open Space. Im Jahr 2000 kamen auf Einladung von Matthias zur Bonsen die beiden Pioniere von Appreciative Inquiry nach Europa, um ihren Ansatz vorzustellen. David Cooperrider und Diana Whitney gaben in Riccione an der italienischen Adria einen Workshop über Appreciative Inquiry, und etwa 90 Berater aus ganz Europa, Südafrika und Japan hatten Gelegenheit, diesen Ansatz direkt von den „Erfindern" kennenzulernen.

Mittlerweile sind viele Jahre vergangen, in denen Großgruppenmethoden zu meinem wichtigsten Werkzeug und zur Basis meines Zugangs zu Change Management geworden sind. Großgruppen gehören für mich zu den beinahe selbstverständlichen Elementen von Veränderungsprozessen.

Ich habe alle Methoden in sehr unterschiedlichen Organisationen – großen und kleinen, Wirtschaftsunternehmen, Non-Profit-Organisationen und öffentlichen Einrichtungen – zu sehr unterschiedlichen Themen und unterschiedlich komplexen Aufgaben eingesetzt. Es hat immer „funktioniert".

Meine anfängliche Begeisterung ist geblieben. In diesem Buch werden Sie meine Zustimmung zu diesen Methoden spüren können. Ich gehöre nicht zu den Zweiflern und Kritikern, sondern habe hier eindeutig positive Schlagseite und bin davon überzeugt, dass wir es mit einem Instrumentarium zu tun haben, das – die Kompetenz und Haltung der Berater vorausgesetzt – nicht nur zu einem „schnellen Wandel" von Organisationen beitragen kann, sondern auch zu einer neuen Kultur der Kooperation in Organisationen.

In dieses kleine Büchlein sind viele Erfahrungen mit Großgruppen eingegangen. Ich bedanke mich vor allem bei meinen Kunden, die mir Gelegenheiten gaben, mit dieser Methode zu arbeiten und zu experimentieren, und die den Mut hatten, Neues auszuprobieren.

In dieser Einführung erfahren Sie:

- welche theoretischen Wurzeln Großgruppenarbeit hat
- welchen systemtheoretischen Bezug es dazu gibt
- welche Prinzipien allen Methoden von Großgruppenarbeit zu Grunde liegen
- welche Formen und Schwerpunkte die einzelnen Methoden aufweisen
- worauf es bei der Planung und Durchführung von Großgruppenkonferenzen ankommt.

Ich bitte um Verständnis, dass ich im Sinne der Lesbarkeit auf eine Gender-Differenzierung der Sprache verzichte. Die männlichen Sprachformen beinhalten auch die weiblichen Adressatinnen.

2. Großgruppen – ein Unterschied in der Beratung

Stellen Sie sich einen großen, einen wirklich großen Raum vor, in dem sich ungefähr 250 Menschen befinden. Es sind Menschen, die in einem Unternehmen arbeiten. Das Topmanagement ist da, Vertreter aller Führungsebenen, Mitarbeiter aus allen Bereichen, der Betriebsrat. Sogar ein paar Kunden sind anwesend. Das können Sie an den Namenskärtchen erkennen.

Die Menschen sitzen in Stuhlkreisen zu jeweils acht Personen. Sie als Beobachter können gerade sehen, dass in allen Gruppen heftig diskutiert wird, bei jedem Kreis ist ein Flipchart aufgestellt, bei dem eine Person steht und schreibt. Der Raum ist erfüllt von Stimmegewirr, man kann sein eigenes Wort kaum verstehen.

Plötzlich erklingt die Stimme eines Moderators durch den Lautsprecher: Die Sprecher mögen die Ergebnisse ihrer Gruppen vorstellen. Es wird ruhig im Raum, und nach und nach stehen Sprecher auf und berichten über die Ergebnisse ihrer Gruppendiskussionen.

Man kann erkennen, dass einige Sprecher sehr aufgeregt sind: Sie sprechen das erste Mal in ihrem Leben vor einer so großen Menschenmenge, noch dazu in Gegenwart des Managements. Manche vergessen, dass sie ins Mikrofon sprechen müssen, und erzählen ihre Geschichte dem Moderator. Dieser hilft immer wieder ein wenig nach. Aber auch der Vertreter des Managements ist ein wenig aufgeregt und räuspert sich mehrmals während seines Berichts.

Als Sie einige Stunden später wieder in denselben Raum kommen, ist die Lage vollkommen verändert: Die Menschen sitzen in anderer Zusammensetzung in anderen Gruppen und diskutieren nicht, sondern schneiden Krepppapier in Streifen, das sie sich in die Haare binden, manche haben bunte Pfeifenputzer, zu riesigen Brillen geformt, auf ihren Nasen und Luftballons an einer Schnur um die Hüften gebunden. Eine Gruppe probt gerade ein Lied, eine andere Gruppe lacht sich über irgendetwas halb kaputt, wieder eine andere Gruppe hat offenbar noch keine Idee und brütet noch still einen Einfall herbei.

Sie beobachten, dass der oberste Manager mit hochroten Backen mit einer Kinderschere an Buntpapier herumschnippelt, und fragen sich, wohin das Schicksal Sie wohl gerade verschlagen hat.

Sie sind in eine Großgruppenkonferenz geraten!

2.1 Die Anfänge

Als Mitte der 90er Jahre die ersten Artikel über die Arbeit mit großen Gruppen im deutschsprachigen Raum erschienen (zur Bonsen 1995; Weisbord 1996; Petri 1996), ging ein kleines Beben durch die Beraterwelt. Kaum eine neue Methodik hat Beratungsarbeit so stark verändert und erweitert wie die Arbeit mit großen Gruppen.

Die Organisationsberatung hatte Mitte der 80er Jahre ihren ersten großen Paradigmenwechsel erlebt. Systemisches Denken löste die bisherigen Konzepte und Prinzipien der klassischen Organisationsentwicklung ab. Die gruppendynamisch ausgelegte Organisationsentwicklung der 60er und 70er Jahre war davon ausgegangen, dass Organisationen sich verändern lassen, wenn es gelingt, die Menschen zu verändern (Wimmer 2004). Daher waren Organisationsentwicklungsprozesse zumeist mehrjährige Projekte, die auf Lernen der Menschen und Entwicklung ihrer Beziehungen aus waren. Die Autonomie des Einzelnen wurde den Zugriffen der Hierarchie gegenüberstellt.

Dieser pädagogisch-emanzipatorische Ansatz wurde mit dem neu entstandenen systemischen Paradigma großteils fallengelassen. Systemisches Denken brachte neue Grundannahmen in die Beratung. Vor allem die Überlegung, dass Organisationen eigene soziale Systeme sind und Menschen nicht als ihre „Elemente", sondern als ihre Umwelten gesehen werden, veränderte die Beratung und viele ihrer Instrumente.

Trotz dieser neuen Gedanken und trotz neuer Kommunikations-Tools, wie des zirkulären Fragens, blieben die meisten Methoden der systemischen Beratung aber nach wie vor im gruppendynamischen Feld beheimatet. Workshops von zwölf bis 15 Personen mit der Möglichkeit der Face-to-Face-Kommunikation waren nach wie vor das favorisierte Arbeitsformat der systemischen Beratung. Die „Gruppe“ bzw. das „Team“ war weiterhin Drehscheibe von Veränderungen, auch wenn die Inhalte und Instrumente der Kommunikation sich verändert hatten. Waren im Rahmen der Organisationsentwicklung vor allem die inneren Beziehungen der Mitglieder der Gruppe thematisiert worden, so beschäftigte man sich in der systemischen Beratung mit den Aufgaben, Zielen und Umwelten der Gruppe. Dennoch: Die Gruppe blieb das bevorzugte Setting.

Vermutlich war es einfach nur der Mangel an neuen Ideen, der die gruppendynamische Methodik noch eine Weile am Leben hielt. Die Arbeit in Workshops hatte zur Folge, dass Veränderungen in diesen kleinen Formaten nur langsam und nur sequentiell, also Schritt für Schritt erfolgen konnten. Es braucht ebene seine Zeit, bis viele Menschen in Gruppen zu zwölf bis 15 Personen zusammengesetzt und in Veränderungsprozesse eingebunden sind. Das galt auch für die systemische Beratung, die ihre spezifischen Methoden aus dem Feld der Familientherapie bezog: zirkuläres Fragen oder Reflecting Teams.

Die Liberalisierung der Finanzmärkte Ende der 80er Jahre und die daraufhin einsetzende Dynamik in den Unternehmen brachte neue Herausforderungen für Organisationen und damit für die Beratung. Die sequentiellen Veränderungsprozesse erwiesen sich als zu langsam für den neuen Taktschlag der Wirtschaft, die zugleich globaler, komplexer, internationaler und beweglicher wurde.

Systemische Beratung war und ist eine Antwort auf diese Entwicklungen. Die Stärke der systemischen Perspektive liegt darin, mit Komplexität angemessen zu arbeiten. Komplexität wird in der systemischen Beratung nicht einfach nur heruntergebrochen, sondern je nach Gegebenheit erweitert oder reduziert. Der gedankliche Kunstkniff der Systemtheorie und der systemischen Beratung, Systeme (und ihre Umwelten) zu definieren, sinnvolle Grenzen zwischen „innen“ und „außen“ zu ziehen, macht es möglich, Komplexität zu nutzen, auf ihr zu surfen.

Dennoch waren die Methoden und Instrumente noch nicht entwickelt, die es ermöglicht hätten, auf die neuen Bedingungen in Wirtschaft, Gesellschaft und Organisationen zu reagieren. Die Instrumente der systemischen Organisationsberatung waren zu diesem Zeitpunkt allesamt Leihgaben aus der systemischen Familientherapie oder der Gruppendynamik.

In diese Situationen hinein platzte die Information über die Arbeit mit Großgruppen. Die Methoden waren auch bei uns zwar nicht ganz neu, wurden aber vor allem im Feld der Spiel- und Erlebnispädagogik eingesetzt (Reichel, Rabenstein u. Thanhoffer 1982). Die Arbeit mit Großgruppen in Organisationen mit der Absicht, damit Veränderungsprozesse zu gestalten, war vollkommen neu und machte einen gewaltigen Unterschied in der Beratung.

2.2 Sind Großgruppen große Gruppen?

Die Bezeichnung „Großgruppe" ist ein Relikt aus der Zeit der Gruppendynamik und der Organisationsentwicklung. Von Anfang an hat sich der Begriff der Großgruppe etabliert. Offenkundig war es ein Versuch, diese neue Methode anschlussfähig für die gruppendynamische Tradition zu machen.

Die Pioniere selbst sprechen von „Large Groups". Es ist aber einen Versuch wert, diese Selbstverständlichkeit zu hinterfragen, denn Worte transportieren bestimmte Vorstellungen. Es lohnt daher, eine Begriffsschärfung vorzunehmen, um Unterschiede zu machen. Im Zusammenhang mit „Großgruppe" werden gerne drei Begriffe vermischt: Gruppe, Masse und Großgruppe.

2.2.1 Was sind „Gruppen"?

Aus gruppendynamischer Sicht sind Gruppen soziale Systeme, die

- drei bis ca. 20 Personen umfassen,
- eine gemeinsame Aufgabe oder ein sie verbindendes Thema haben und
- in denen Face-to-Face-Kommunikation möglich ist (vgl. König u. Schattenhofer 2007, S. 15).

Gruppen konstituieren sich über Personen, ihre Beziehungen und die Möglichkeit der direkten Kommunikation. Wenn Mitglieder von Gruppen wechseln, dann verändert sich damit die Gruppe.

Großgruppen weisen keines dieser Merkmale auf: Weder stehen die einzelnen Personen oder ihre emotionalen Beziehungen im Vordergrund von Großgruppenveranstaltungen, noch ist Face-to-Face-Kommunikation möglich.

2.2.2 Was ist eine „Masse"?

Auch dieser Begriff wird im Zusammenhang mit „Großgruppe" mitunter ins Spiel gebracht (Heintel 2000, S. 45 ff.). Von Massen sprechen wir bei einer großen Menge von Menschen, deren Aufmerksamkeit „sich nicht aufeinander, sondern auf ein Drittes" richtet, etwa auf einen Redner oder die Spieler auf dem Fußballfeld. Massen sind unstrukturierte oder wenig strukturierte Ansammlungen von vielen Menschen.

Großgruppen sind keine „Massen". Die Mitglieder von Großgruppen sind im Allgemeinen nicht über Personen, sondern über einen gemeinsamen Kontext, in der Regel eine Organisation, und ein gemeinsames Thema, etwa die Veränderung dieser Organisation, miteinander verbunden. Die Aufmerksamkeit richtet sich zum einen auf das gemeinsame Dritte, aber das Wesen der Konferenzen liegt zum anderen darin, möglichst viele Menschen miteinander ins Gespräch zu bringen und sie damit in die Prozesse einzubinden. In Großkonferenzen geht es gerade darum, die Isolation des Individuums in der Masse aufzuheben und einen Rahmen für Dialog zu schaffen.

2.2.3 Was sind „Großgruppen"?

Großgruppen sind Veranstaltungen, an denen von 30 bis zu mehreren Hundert, mitunter sogar bis zu 2000 Personen teilnehmen und gemeinsam an einem Thema arbeiten. Großgruppen finden im Allgemeinen in einem bestimmten Kontext – einer Organisation oder Institution oder zu einem gemeinsamen Thema – statt. Wenn wir von Großgruppen sprechen, dann ist der Kontext mitzudenken, in dem sie jeweils stattfinden.

Im Vordergrund von Großgruppen stehen nicht die einzelnen Menschen und ihre persönlichen Beziehungen, sondern die professionellen Rollen, Funktionen und Positionen, die die Personen in ihrer Organisation einnehmen. Die Beziehungen sind Arbeitsbeziehungen, die sich aus den Funktionen ergeben. Bei Großkonferenzen können Personen ausgetauscht werden, wichtig ist nur, dass die Funktionen und Positionen und die daraus resultierenden Perspektiven vertreten sind.

Die Kommunikation in Großgruppen dreht sich also nicht um Menschen und ihre Beziehungen, sondern um die gemeinsame Organisation.

„Großgruppen" sind Methoden, die Gruppenphänomene nutzen, aber sie sind keine „Gruppenveranstaltungen", sondern dienen im Allgemeinen der Veränderung einer Organisation oder einer größeren Gemeinschaft.

Großgruppen sind also weder Gruppen noch Massen. Der teilweise irreführende Name „Großgruppe" wurde von mir aus diesem Grund immer schon mit Vorsicht verwendet. Ich bevorzuge den Begriff der Organisationskonferenzen. Das Wesentliche an diesen Konferenzen ist, dass sie eine Möglichkeit bieten, Organisationskommunikation zu gestalten und damit das ganze System in einen Organisationsdialog zu bringen.

2.3 Was bringen Organisationskonferenzen?

Großgruppenmethoden gehören heute bereits zur Grundausstattung von Organisationsberatern, insbesondere von Prozessberatern und systemischen Beratern. Kaum eine Methode hat sich so schnell und so flächendeckend durchgesetzt. Der Grund dafür liegt wohl in den Möglichkeiten, komplexe Themen zeit- und ressourcenschonend zu bearbeiten. Veränderungsprozesse, die mit Organisationskonferenzen gestaltet werden, können viele positive Effekte haben.

2.3.1 Geschwindigkeit

Mit Großkonferenzen werden die bislang sequentiellen Entscheidungs- und Informationsprozeduren drastisch verkürzt. Viele Menschen werden gleichzeitig informiert und können gleichzeitig und gemeinsam an Entscheidungen arbeiten. Die Gleichzeitigkeit und Gemeinsamkeit von Information, Verarbeitung und Entscheidungen geben der Organisation gleichsam einen Ruck vorwärts. Dieser gemeinsame Ruck ist nicht nur stärker, sondern auch schneller, als wenn der Impuls nur „löffelweise“ verabreicht würde.

2.3.2 *Nachhaltigkeit*

Die meisten Konferenzen haben den Zweck, Entscheidungen zu erarbeiten und/oder umzusetzen. Entscheidungen, die gemeinsam getroffen werden und für die gemeinsam Verantwortung übernommen wird, werden leichter und mit höherer Energie umgesetzt. Die Wirkung von gemeinsam erlebten Prozessen der Entscheidungsfindung und des verbindlichen Planens hält im Allgemeinen lange an. Auf die Erfahrungen von Konferenzen stützen sich Mitarbeiter meistens noch lange Zeit. Die Ergebnisse sind damit nachhaltiger.

2.3.3 *Identität*

Ein Gedanke von Organisationskonferenzen lautet: „Bring the whole system in the room.“ Das setzt voraus, dass die Beteiligten definieren, was das ganze System ist. Dieses gemeinsam definierte Ganze wird in der Konferenz wahrnehmbar und erlebbar. Es ist nicht wichtig, ob viele im Raum sind, sondern dass die, die da sind, das „Ganze“ repräsentieren bzw. anerkennen. So kann Identität spürbar werden.

Identität bedeutet, eine klare Grenze zwischen dem Innen und Außen eines Systems zu ziehen: Wer und was gehört dazu, was unterschiedet uns von den anderen? Dieses Thema gewinnt durch Globalisierung und Dezentralisierung von zunehmend unüberschaubar werdenden Organisationen immer mehr an Bedeutung, weil Systemgrenzen verschwimmen und Identität für die Mitglieder von Organisationen kaum mehr besteht, Menschen sich nicht mehr zugehörig und identifiziert mit ihrer Organisation fühlen. Erosion, zynische Abzockerhaltungen oder einfach Desorientierung sind die Folgen.

In Organisationskonferenzen wird der *spirit of community* der Organisationen wieder konkret. Es wird klar, was innen zusammenhält, wer oder was „drinnen“ oder „draußen“ ist. Identität ist das Ergebnis eines kontinuierlichen Prozesses der Grenzziehung. Sie kann bei Konferenzen geschehen.

2.3.4 Höhere Qualität von Lösungen

Es heißt zwar, dass viele Köche den Brei verderben, dennoch sind bei komplexen Fragestellungen viele verschiedene Blickwinkel und Erfahrungen, Kompetenzen und Ideen notwendig, will man zu guten Lösungen kommen.

Lösungen, die durch viele Köpfe und Bäuche gegangen sind, die von vielen Seiten her betrachtet wurden, können gute Qualität haben. Das können Großkonferenzen leisten.

2.3.5 Energie

Gutgelungene Großkonferenzen bringen Organisationen neue Energie. Das Erlebnis der Organisation, die Erfahrung des hohen gemeinsamen Wissens, der gemeinsame Blick in die Zukunft, all das gibt Energie. Fritz B. Simon vergleicht Großgruppeninterventionen mit einem Adrenalinstoß (Simon in Holman u. Devane 2002, S. 9), der einen Unterschied zur langweiligen Alltagskommunikation in Organisationen macht.

Hier liegt aber auch eine der Gefahren dieser Methode: Energie muss nicht zwangsläufig angenehm sein. Ein starker Stromstoß ist kein gutes Erlebnis. Schlechte Erfahrungen mit Großgruppen kosten nicht nur viel Geld, sondern hinterlassen auch verbrannte Erde – nicht nur in Bezug auf die Methode, sondern auch gegenüber den Zielen und Themen der Konferenz und damit gegenüber der Organisation.

2.4 Gefahren und Risken von Großkonferenzen

Organisationskonferenzen sind Methoden, Instrumente, Werkzeuge. Wie bei allen Werkzeugen kommt es darauf an, wer sie mit welcher Absicht benutzt. Sie sind für sich genommen weder gut noch schlecht. Darin liegt ihre Chance, aber auch das Risiko, das mit diesen besonderen Methoden verbunden ist.

Konferenzen können für negative Zwecke missbraucht werden, sich gegen ihre eigenen Teilnehmer wenden. Großgruppen kann man dazu benutzen, Menschen zu manipulieren, sie vergessen zu machen, dass sie gegängelt werden; man kann Menschen in kollektive Gefühle von Begeisterung ver-führen, so dass sie nicht mehr

„Herr ihrer Sinne" sind, kollektiv regredieren und in der großen Suppe des Gemeinsamkeitserlebnisses untertauchen, um Ideen oder Handlungen zuzustimmen, die ihnen selbst oder anderen schaden.

Großkonferenzen können ebenso zu einem reinen Unterhaltungsinstrument verkommen, zu einer Fun-Veranstaltung, die über die vielleicht schlechten Bedingungen der Arbeit oder schlechte Zukunftsperspektiven hinwegtäuschen soll.

Ja, all das kann geschehen. Daher ist die Haltung der Berater – ihre professionelle, ihre ethische und auch ihre politische – ein wesentlicher Aspekt der Qualität der Arbeit mit Großgruppen. Als Ausbilderin für Großgruppenmethoden war es mir immer besonders wichtig, die Haltung und die implizite Ethik der Pioniere dieser Methoden in den Vordergrund zu stellen. Ich werde es in diesem Büchlein wieder versuchen.

3. Wurzeln und Grundlagen der Großgruppenarbeit

In die heutigen Formen von Organisationskonferenzen fließen zahlreiche theoretische und methodische Ideen und Erfahrungen ein. Die Pioniere der einzelnen Formen von Großgruppenarbeit nennen ihre Quellen im Allgemeinen selbst. Bei der Beschreibung der einzelnen Formate werden diese Quellen wiedergegeben.

Im Überblick lassen sich vier Wurzeln feststellen, die die Arbeit mit Großgruppen beeinflusst und geprägt haben.

3.1 Organisationsentwicklung

Unter Organisationsentwicklung (OE) verstehen wir einen sozialpsychologischen Ansatz zur Veränderung von Organisationen. Die Organisationsentwicklung entstand zunächst in den USA der 1940er Jahre und ist eng verbunden mit Kurt Lewin, wohl einem der bedeutendsten Sozialforscher des 20. Jahrhunderts.

Eine der zentralen Grundannahmen der Organisationsentwicklung besagt, dass Organisationen sich verändern, wenn es gelingt, die Menschen zu verändern. Die Menschen, ihre Haltungen, ihr Verhalten und ihre Beziehungen waren der Angelpunkt der Veränderung des gesamten Systems.

Diese Annahme war unter den damaligen Bedingungen revolutionär, betrachtete man Organisationen in jener Zeit ja vorwiegend durch eine technisch-rationale Brille, wie sie im Taylorismus zum Ausdruck kam. Strenge Sachlichkeit und Zahlenorientierung, Linearität des Denkens, die auf Zerstückelung von Arbeitsprozessen und auf Planung und Kontrolle ausgelegte Strategie des Taylorismus haben Generationen von Managern geprägt. Die Idee, Organisationen über den linearen Ablauf des Managementregelkreises – Ziele setzen, planen, ausführen (lassen), kontrollieren – steuern und verändern zu können, reduzierte die Komplexität enorm und war daher über viele Jahrzehnte das Credo aller Manager.

Demgegenüber waren die ersten Gedanken und Instrumente der Organisationsentwicklung eine tiefgreifende Veränderung im Gestalten von Organisationen und ihren Veränderungsprozessen.

Die Organisationsentwicklung war zugleich aber auch ein Kind ihrer Zeit. Die Erfahrungen mit Nazi-Deutschland, die Beobachtung von Massenphänomenen und autoritärer Führung gaben den Wissenschaftlern rund um Kurt Lewin wesentliche Impulse für ihre Forschungen.

Ein auf Autonomie und Entwicklung ausgelegtes Menschenbild, ein auf Partizipation ausgerichtetes Führungsideal und ein Veränderungsverständnis, das auf evolutionären Lernprozessen beruht, wurden in jene Systeme getragen, die die größte Hebelwirkung für gesellschaftliche Veränderungen hatten: Organisationen. Sie waren Hoffnungsträger einer neuen Gesellschaft.

Die Organisationsentwicklung verstand sich als parteiisch für den autonomen Menschen und kritisch gegenüber Macht, Autorität und Hierarchie. Das machte sie zu einer ideologisch-moralischen Emanzipationsbewegung, zur Antithese gegenüber Faschismus und anderen totalitären Systemen. Damit maßte sich die Organisationsentwicklung aber einen pädagogisch-emanzipatorischen Auftrag an, der aus heutiger Sicht einen bitteren Geschmack des Bevormundens hat.

Aber es wurden über die sozialwissenschaftlichen Forschungen und Versuche für damalige Verhältnisse neue Themen in die Organisationen eingebracht: Menschen und ihre Beziehungen, Lernen und Kommunikation.

Wie immer man politisch-ideologisch zu dieser Entwicklung stehen mag, die Organisationsentwicklung wies in der Folge zwei große Nachteile auf:

Die starke „Schlagseite“ zu Gunsten der Individuen und zu Lasten der Hierarchie konnte den realen Bedingungen von Organisationen nicht gerecht werden. Organisationen müssen kontinuierlich für einen Ausgleich zwischen den Bedürfnissen der Menschen und den Anforderungen ihres Auftrags, ihrer Auftraggeber sorgen. Die Disbalance der Organisationsentwicklung führte zu einer stark pädagogisch-moralisierenden Haltung, die in Organisationen nicht anschlussfähig war. Organisationen sind kein Ort der „Erziehung“.

Zum anderen war das Konzept der evolutionären Lern- und Veränderungsprozesse der zunehmenden Dynamik, denen sich Organisationen in den 90er Jahren des vergangenen Jahrhunderts ausgesetzt sahen, nicht gewachsen. Prozesse der Organisationsentwicklung wurden in der Praxis als mehrjährige und umfangreiche Projekte mit unzähligen kleineren Workshops und gruppendynamischen Seminaren aufgesetzt. Dieses Konzept war auf stabile innere und äußere Verhältnisse ausgerichtet und wurde daher buchstäblich überrollt.

Großgruppen entstanden in den Phasen hoher Dynamik und der Notwendigkeit, sehr schnell zu neuen Lösungen zu kommen. Die Organisationsentwicklung als sequentielle Aneinanderreihung von Workshops hatte hier ihr Ende.

Dennoch wären ohne diese Entwicklungen Großgruppen nicht denkbar. Viele Ideen der Organisationsentwicklung sind hier eingearbeitet und realisiert. Das partizipative Konzept, wie es etwa in der Zukunftskonferenz verwirklicht wird, geht auf die Organisationsentwicklung zurück. Zugleich wird Hierarchie aber nicht in Frage gestellt.

Generell ist die Würdigung der Menschen, ihrer Kommunikation und ihres Lernens die implizite Werthaltung in allen Großkonferenzen. Im Unterschied zur Organisationsentwicklung bemühen sich alle Großgruppenmethoden aber stärker um eine ausgewogene Balance zwischen den Interessen von Menschen und denen der Organisation.

3.2 Gruppendynamik

Gruppendynamik war Instrument und Methode der Organisationsentwicklung und ist eng mit ihr verbunden. Die Gruppendynamik war theoretische und methodische Basis dieser Entwicklung. Ihr Interesse galt der Entstehung und Entwicklung der Beziehungen zwischen Menschen und dem Prozess, der in diesem sozialen Feld entstand.

> „Die auf die Möglichkeit von bewusstseins- und verhaltensverändernden Lernprozessen ausgerichteten Intentionen der ursprüngli-

chen Gruppendynamik waren von Anfang an auf die Veränderungen von Organisationen ausgerichtet, auch wenn in dieser Phase noch sehr selten innerbetrieblich mit der Laboratoriumsmethode gearbeitet wurde“ (Wimmer 2004, S. 28).

Der Begriff Gruppendynamik hat viele Bedeutungen und Formen.

3.2.1 *Die Gruppendynamik als Theorie*

Die Gruppendynamik als Theorie erforschte die Entwicklung von Beziehungen und Interaktionen in Gruppen. Der wirklich neue Gedanke bei dieser auf soziale Prozesse angewendeten Feldtheorie war die Entdeckung des „Unsichtbaren“ von Beziehungen, Interaktionen und Lernprozessen. Die Psychologie hatte sich bis dahin mit dem „sichtbaren“ Individuum beschäftigt.

Die gruppendynamische Forschung entdeckte „die enormen Lernchancen, die darin liegen können, wenn eine Gruppe sich selbst gezielt zum Gegenstand des Erforschens macht“ (ebd.).

Damit begann eine neue Orientierung nach innen: Gruppen beschäftigten sich mit sich selbst, erforschten ihre Beziehungen und Prozesse und richteten ihre Aufmerksamkeit auf ihr Innenleben.

Das Ergebnis dieser Erforschungen waren vor allem neue Konzepte über Entwicklungsprozesse und Gruppenstrukturen.

Bekannt wurden etwa Prozessmodelle, wie etwa die Teamuhr des „Norming – Forming – Storming – Performing“, das Dependenzmodell oder das Konzept der Gruppenstrukturen mit den Positionen von Alpha, Beta, Gamma und Omega.

3.2.2 *Gruppendynamik als Methode*

Gruppendynamik als Methode setzte diese Ansprüche im Rahmen von sogenannten gruppendynamischen Trainings um. Diese bestehen in einem Lernsetting, dessen einziges Ziel und alleiniger Inhalt die Beobachtung und Selbstbeobachtung von Entwicklungsprozessen der Gruppe und ihrer Mitglieder ist. In diesen Laborsituationen konnten und können die Teilnehmer intensive Lernerfahrungen in Bezug auf das eigene Verhalten einerseits (Selbsterfahrung) und auf Phänomene sozialer Beziehungen und Prozesse andererseits machen. Ziel der gruppendynamischen Methode war und ist es, die

Entwicklungsmöglichkeiten der einzelnen Personen als auch der Gruppe zu erweitern.

In Organisationen wurden Teams zum Brennpunkt der gruppendynamischen Organisationsentwicklung. Teams wurden zum Gegenkonzept von Hierarchie, indem der horizontalen Kooperation größere Entwicklungschancen und bessere Entscheidungsqualitäten zuerkannt wurden als der vertikalen (autoritären) hierarchischen Machtkommunikation.

Teams wurden damit zum Interessenschwerpunkt der Organisationsentwicklung, ihre inneren Kooperationsbeziehungen, persönlichen Befindlichkeiten, die Beziehungen zu anderen Teams beschäftigten Organisationen (und Berater) über viele Jahrzehnte.

Aus der Theorie und der Methode der gruppendynamischen Labors entwickelten sich neue Arbeitsformen, die heute zum Standard organisationaler Kommunikation geworden sind.

3.2.3 Gruppendynamik als Kommunikationsformat

Die äußere Form dieser neuen Methoden für Lernen in Organisationen war der Stuhlkreis. Er war Ausdruck für die Aufmerksamkeit für Beziehungen und machte einen Unterschied zu der bis dahin üblichen Kinobestuhlung oder der sogenannten U-Tafel. Letztere waren die räumliche Ordnung einer auf Autorität orientierten Kultur gewesen: Die Musik spielt vorne, die anderen lauschen, die Kommunikation verläuft sternförmig als Dialog zwischen einzelnen Personen und der Autorität. Der Stuhlkreis zeigte an, dass alle Teilnehmer gleichberechtigt an der Diskussion mitwirken können, dass Wissen gemeinsam aufgebaut wird und Face-to-Face-Kommunikation gewünscht ist. Der Stuhlkreis zeigt auch an, dass es in dieser Arbeitsform nicht nur um sachlich-rationale Themen, sondern auch um persönlich-emotionale Fragen gehen wird.

Diese räumliche Kommunikationsordnung war in den Anfängen für viele Menschen in Organisationen sehr fremd. Die Frage nach den Tischen drückte nicht nur Unklarheit aus, wo man denn nun seine Arbeitsunterlagen ablegen könnte, sondern auch die Unsicherheit, wie mit dem leeren Raum zwischen den Menschen umgegangen werden könnte. Es bedurfte einiger Jahre, bis der Stuhlkreis zu einer selbstverständlichen Arbeitsform wurde.

3.2.4 Moderationsmethoden

Als Weiterentwicklung der gruppendynamisch geprägten Workshops entstanden Instrumente und Verfahren, die die Komplexität von Entscheidungsfindungen oder die Bearbeitung von vielschichtigen Themenstellungen erleichtern sollten: Visualisierungsmethoden wie Punktabfragen, Kärtchenabfragen, Clustermethoden und dergleichen mehr. Es entstand eine neue Berufsgruppe, die mit diesen Methoden arbeitete: die Moderatoren. Ihre Aufgabe war und ist es, Kommunikationsprozesse zu ermöglichen, ohne der Gruppe die Verantwortung für ihre Entscheidungen abzunehmen.

Diese Workshopformen bilden heute eines der methodischen Kernelemente von Organisationskonferenzen: Es finden viele Workshops gleichzeitig in einem Raum statt. In Organisationskonferenzen werden die Prinzipien der Workshops nicht nur weiterhin hochgehalten, sondern auf das gesamte Feld der Organisation ausgeweitet: Nicht nur die Gruppe, sondern die gesamte Organisation generiert jenes Wissen, das sie braucht, um ihre Themen zu bearbeiten.

Im Unterschied zu den frühen, gruppendynamisch angelegten Workshops richtet sich in Großgruppen das Interesse allerdings nicht auf die Beziehungen der Teilnehmer, sondern auf das gemeinsame Ziel und Thema. Die Gruppe wird dabei als wichtige und nützliche Arbeits- und Lernumgebung dafür genutzt, Ergebnisse zu produzieren. Die Achtergruppen, wie sie in beinahe allen Konferenzformen als grundlegendes Kommunikationssetting bestehen, beschäftigen sich nicht mit sich selbst, ihren Beziehungen oder ihren Rangordnungen, dafür erhalten sie auch kaum Gelegenheit. Vielmehr gibt Moderation den Gruppen klare Aufgaben und Rollen – und wenig Zeit für Beziehungsklärungen.

Obwohl gruppendynamisches Wissen in Großgruppen einfließt, sind sie keinesfalls gruppendynamische Veranstaltungen und sollten nicht damit verwechselt werden. Nicht jede Ansammlung von Menschen ist eine Gruppe. Wer Großgruppen mit einer gruppendynamischen Brille betrachtet, wird in dieser Menge von vielen Menschen vielleicht eine große Gruppe sehen. Diese Perspektive greift aber bei Weitem zu kurz und erklärt keinesfalls, was Großkonferenzen sind und worin ihr Potential liegt. Großkonferenzen sind

Veranstaltungen, an denen – um es scharf zu formulieren – nicht Personen, sonder Rollen- oder Funktionsträger teilnehmen. Diese Rollen und Funktionen entstehen nicht auf Grund der inneren Prozesse in den Gruppen, sondern sind Merkmale der Organisation. Die Differenz Person/Funktion muss bei der Arbeit mit Großgruppen sehr genau beachtet werden.

Der frühere emanzipatorisch-pädagogische Anspruch der Gruppendynamik hat sich mittlerweile in eine neue Richtung verändert. In Großkonferenzen kommt die geteilte Verantwortung von Personen und Organisation deutlich zum Ausdruck. Großkonferenzen sind weder eine basisdemokratische Bottom-up-Veranstaltung noch autoritäre Top-down-Events mit reiner „Musik von vorn". Alle Konferenzen verstehen sich als Rahmen für einen organisationsinternen horizontalen und vertikalen Dialog.

3.3 Action Learning – Lernende Organisation

Action Learning ist eine weitere Quelle von Großkonferenzen.

Action Learning bezeichnet eine spezifische Lernform in Organisationen, die auf konkreten Erfahrungen und der Lösung von unmittelbaren und relevanten Aufgaben beruht. Das Konzept von Action Learning geht davon aus, dass nachhaltige und für Organisationen produktive Lernprozesse dann gelingen, wenn

- Wissen nicht von Spezialisten „vermittelt", sondern gemeinsam aufgebaut wird,
- Lernen praxisrelevant anhand von konkreten Projekten und Aufgaben erfolgt und
- die Lernprozesse selbst Thema von Reflexion und Lernen werden („Double Loop Learning", Argyris u. Schön 1999).

Action Learning geht ebenfalls auf Kurt Lewin und sein Konzept der Feldforschung und der späteren Aktionsforschung zurück. Ausgangspunkt ist die Überlegung, dass Organisationen Wissen über sich selbst aufbauen müssen, um sich zu verändern. Die Frage ist, wie dieses Wissen entsteht. Bislang galt die Regel, dass Wissen nur von professionellen Wissenschaftlern – etwa Sozialforschern – geschaffen werden könne.

Eine der Grundideen der Aktionsforschung liegt in der Überwindung dieser Trennung von „Forschern" und „Beforschten". Sie räumte Organisationen die Fähigkeit ein, sich selbst, eventuell mit Unterstützung externer Berater, zu beforschen und die so neu gewonnenen Informationen für ihre Veränderungsvorhaben zu verwenden.

> „Dieser veränderten Forschungsmethodologie liegt die Annahme zu Grunde, dass ein von außen gestützter systematischer Selbsterforschungsprozess die Problemlösungskapazität des ganzen involvierten Systems erhöht" (Wimmer 2004, S. 30).

Methodisch wurden diese Selbsterforschungsprozesse mit Hilfe von Einzel- und Gruppeninterviews und Beobachtungen gestaltet.

Action Learning erweiterte diese Konzepte um konkrete Projekte, die nicht nur inhaltliche Ziele haben, sondern auch zum Gegenstand von Selbstreflexion der Organisation werden. In diesem Sinne spricht man von einer „lernenden Organisation".

Organisationskonferenzen sind in gewisser Hinsicht eine neue Form von Action Learning.

Real Time Strategic Change-Konferenzen etwa, die vor allem im Rahmen bzw. zur Erreichung von tiefgreifenden Veränderungsprozessen in Organisationen angewendet werden, werden von ihren Erfindern als Situation und Prozesse für organisationales Lernen verstanden und gestaltet: Das, was sich verändern soll, wird bereits in der Konferenz erlernt und erprobt. Action Learning wird als ein kontinuierlicher Plan-Do-Check-Act-Prozess gestaltet, der teilweise in der Konferenz, teilweise auch außerhalb der Konferenz stattfindet. Der Prozess durchläuft idealtypisch mehrere Phasen:

1. Schaffen einer gemeinsamen Informationsbasis und eines gemeinsamen Bildes betreffend die Unterschiede und Übereinstimmungen aller Stakeholder im Hinblick auf das jeweilige Thema der Veränderung.
2. Interpretation und Bewertung dieser Informationen für und durch das ganze System.
3. Gemeinsames Entwerfen einer gemeinsamen Zukunft auf Grund dieser Informationen.

4. Übereinstimmung für eine gemeinsame Strategie schaffen.
5. Spezifische Aktivitäten festlegen.
6. Maßnahmen planen.

> “Based on Kurt Lewin’s Action Research Model, the model is an application of systems thinking and action learning aimed at keeping the system whole at every step of the way” (Dannemiller Tyson Associates 2000, p. 14).

Organisationskonferenzen setzen in zweierlei Hinsicht die Grundgedanken von Aktionsforschung und Action Learning fort:

- Zum einen werden Informationen von allen Anwesenden geteilt und bewertet. Das bringt die Teilnehmer in eine Experten- und Forscherrolle, die im Allgemeinen neu und interessant ist.
- Zum anderen sind Gegenstand und Ziel des Lernens die Organisation selbst, die sich verändern will oder soll. Es geht darum, wie das ganze System von allen beschrieben wird und welche Ziele der Veränderung gemeinsam angestrebt werden.

Die Erfahrung einer Organisationskonferenz macht für alle Teilnehmer im Allgemeinen einen großen Unterschied für ihr Selbstverständnis als Mitglied der Organisation und für ihre Kooperationen: Führung wird in neuen Rollen erlebt, Teilnehmer erhalten neue Aufgaben und neue Perspektiven; neue Kontakte, Beziehungen und Kommunikationsnetze entstehen; alle beobachten „die Organisation“ und einander bei der Arbeit – was normalerweise nicht möglich ist.

Indem die Veränderung der Organisation das „Projekt“ ist, an dem in der Organisationskonferenz alle gemeinsam arbeiten, indem die Trennung von Lernen und Tun aufgehoben wird, indem die Veränderungen bereits in der Konferenz beginnen und von der ganzen Organisation getragen werden, erfüllen Organisationskonferenzen die Bedingungen von Action Learning.

Matthias zur Bonsen (1995) spricht in diesem Zusammenhang von *Simultaneous Change*: Organisationskonferenzen lösen die Versuche, Veränderungen *top down* durch sequentielle Abfolgen von kleinen Schritten in kleinem Rahmen zu bewirken, ab. Der Wandel erfolgt gleichzeitig und gemeinsam.

3.4 Systemisches Denken

Einige der Pioniere von Großgruppenarbeit in den USA beziehen sich auf die Theorien und Forschungsergebnisse des sogenannten soziotechnischen Systemansatzes, wie er vor allem durch Erich Trist (USA) und Fred Emery (Australien) vertreten wurde. Die beiden Forscher standen in der Tradition der gruppendynamischen Theorie und der Feldforschung und beschäftigten sich mit Fragen der Arbeitsorganisation und ihrer Verbindung mit menschlichen Beziehungen. Im Zentrum dieses Ansatzes für die Gestaltung von Arbeitsorganisation standen das Team und seine Leistungsfähigkeit.

In den USA ist der soziotechnische Systemansatz einer der wichtigsten theoretischen Grundlagen von Großgruppenverfahren. Marvin Weisbord und die Gruppe um Dannemiller Tyson Associates beziehen sich gleichermaßen auf diese beiden Forscher des englischen *Tavistock Institut*. Sie bilden die Basis des in den USA entwickelten Verständnisses von systemischem Denken, das seine Wurzeln in der Feldforschung von Kurt Lewin, aber auch in den Konzepten der Kybernetik und der Theorie der offenen Systeme, später auch des Konstruktivismus hat.

> "Whole-Scale Change deals with open human systems. Living systems are capable of self-organizing, developing new networks of structures and life processes. Given the free flow of information, they assume new structures and develop new life processes; that is, they adapt" (Dannemiller Tyson Associates 2000, p. 26).

Für die Pioniere der Arbeit mit Großgruppen ist das systemische Paradigma impliziter Bestandteil der Methode, der Haltung und der Philosophie ihrer Arbeit. Ohne systemisches Denken wären Großgruppen und Organisationskonferenzen nicht möglich geworden. Das „Denken in Systemen“, die Idee, das „ganze System in einen Raum“ bringen zu können, konnte sich erst auf der Grundlage der systemischen Perspektiven entwickeln.

Da meine Arbeit als systemische Beraterin auf den Annahmen des systemischen Paradigmas beruht, waren Organisationskonferenzen für mich von Anfang an unter diesem Aspekt besonders interessant. Für mich persönlich waren diese Methoden und die dahinterliegenden Annahmen und Haltungen eine praktische und direkte Umsetzung systemischen Denkens in den Kontext von Beratung. Aus meiner Sicht sind Großgruppen die einzigen Methoden der Organisationsberatung, die tatsächlich mit dem System „Organisation“ (und nicht mit Menschen und Gruppen) arbeiten.

Trotz einiger Unterschiede zwischen dem USA-Verständnis und unserem mitteleuropäischen Verständnis von systemischem Denken ist es reizvoll, die Verbindung des systemischen Paradigmas mit der Praxis von Organisationskonferenzen anhand einiger relevanter systemischer Thesen zu verknüpfen.

3.4.1 Organisationen sind lebende soziale Systeme, die aus Kommunikation „bestehen“

Aus systemtheoretischer Sicht sind Organisationen Kommunikationssysteme, deren zentrale Elemente nicht die Personen, etwa die Mitarbeiter sind, sondern lediglich jene Kommunikationsakte sind, die diese Personen der Organisation zur Verfügung stellen, damit sie ihre Aufgabe – Produkte, Dienstleistungen oder anderes herzustellen – erfüllen kann.

Abgeleitet von dieser Annahme, kann man sagen: Wenn sich die Kommunikation der Organisation verändert, verändert sich die Organisation als Ganzes.

Organisationskonferenzen sind Veranstaltungen, die der Organisation neue Inhalte und Formen der Kommunikation eröffnen. Nicht die einzelnen Menschen, nicht die Kennzahlen, nicht das Management, sondern eine neu gestaltete Kommunikation ist Motor und Angelpunkt der Veränderung. Großkonferenzen sind ein Proberaum für die Veränderung der Kommunikation der Organisation und damit der Veränderung der Organisation.

Damit ist ein Unterschied zu einer gruppendynamischen Perspektive gesetzt: Nicht die Menschen müssen sich ändern, sondern die Kommunikation, deren „Umwelten“ Menschen sind.

3.4.2 Die Koppelung von Person und Organisation

Im systemischen Verständnis sind Menschen nicht „Elemente" der Organisation, sondern deren relevante Umwelten. Organisationen und Menschen werden als zwei unterschiedliche lebende Systeme betrachtet, die unterschiedlichen inneren Steuerungslogiken folgen: Menschen folgen (im Allgemeinen) ihren Bedürfnissen, Organisationen folgen (im Prinzip) ihrer Aufgabe.

Organisationen erwarten von Menschen, bestimmte Kommunikationsleistungen zu erbringen, die für die Aufgabe der Organisation, etwa die Herstellung von Produkten oder Dienstleistungen, erforderlich ist.

Menschen erwarten von Organisationen die Möglichkeit, ihre persönlichen Bedürfnisse (nach Wohlstand, Lebenssicherung, Entwicklung) zu realisieren.

Der Mechanismus der Koppelung zwischen Organisation und Person wird als „Rolle" definiert. Die Rollen definieren die Erwartungen der Organisationen an die spezifischen Kommunikationsbeiträge der Menschen, also etwa Entscheidungen treffen, Wissen zur Verfügung stellen, verhandeln etc., und die jeweiligen Gegenleistungen.

Die Beziehungen der Menschen in Organisationen sind „Rollenbeziehungen", die sich rund um die Tätigkeiten in den Rollen entwickeln und im Wesentlichen diese Tätigkeiten zum Inhalt haben.

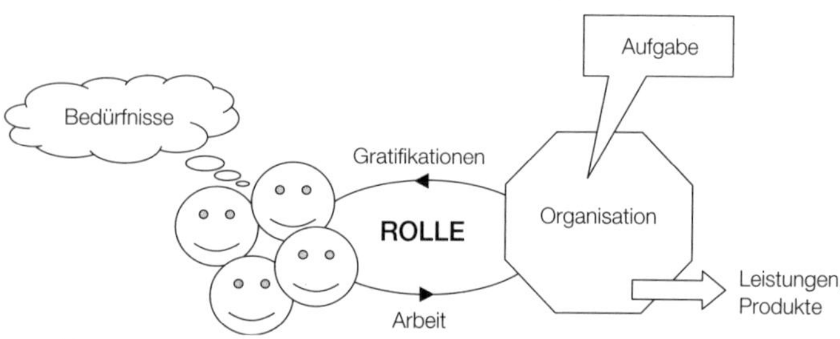

Abb. 1: Person – Organisation

Aus den Rollen entwickeln die Mitglieder der Organisation bestimmte – rollenbezogene – Perspektiven auf die Gesamtorganisation. Sie sehen – wie in dem berühmten Sufi-Gleichnis von den sechs

Blinden und dem Elefanten – jeweils einen bestimmten Aspekt der Organisation. Erst die Kommunikation über diese spezifischen Perspektiven kann ein Bild des gesamten Systems ergeben.

Diese Grundannahmen systemischen Organisationsverständnisses erlangen in Organisationskonferenzen Bedeutung, indem die Teilnehmer nicht als „Personen", sondern auf Grund ihrer Rollen, ihrer jeweiligen spezifischen Perspektive aus ihren Positionen, ausgewählt und zur Konferenz geladen werden. Ihre professionelle Sicht ist für die Organisation relevant. Die Gestaltung der Kommunikationsprozesse in einer Konferenz, die wechselnde Zusammensetzung der Teilnehmer, die Wahl der Themen folgt dieser Idee: Welche Perspektiven welcher Rolleninhaber sollten zu welchem Thema durch Kommunikation verbunden werden?

Ohne dieses systemische Verständnis von der spezifischen Verbindung von Organisation und Personen würde dieser Gedanke gar nicht aufkommen.

3.4.3 Das „ganze System"

Eines der zentralen Prinzipien von Großgruppen lautet: das „ganze System in einen Raum bringen". Aber: Was ist das „ganze" System?

Aus systemischer Sicht entstehen Systeme durch Grenzziehungen von Beobachtern. Das System der Organisation ist im systemischen Sinne daher dann „ganz", wenn die relevanten Beobachter und Mitspieler entscheiden, was „ganz" ist – also ihre Systemgrenze gemeinsam ziehen und definieren, was dazugehört und was Umwelt ist.

Es ist eine der wesentlichen Aufgaben in der Vorarbeit zu einer Konferenz, zu klären, wie man das „Ganze" abbilden kann, ohne alle Menschen in einem Raum zu haben. Wer muss unbedingt eingeladen werden, damit die Frage nach dem Ganzen geklärt werden kann? Wen kann man weglassen, ohne dass die Eigenheit, die Identität der Organisation verfälscht wird?

Dannemiller Tyson Associates haben dafür die Metapher der DNA gewählt: So wie die DNA die Unverwechselbarkeit, die Identität einer Person beschreibt, so ist unter einer „Organisations-DNA" die spezifische Eigenart der Organisation gemeint, die durch die Perspektiven und Standpunkte bestimmter Personen repräsentiert wird, die diese Identität der Organisation abbilden.

Die Idee der DNA macht es möglich, mit sogenannten Mikrokosmen zu arbeiten, mit kleineren Gruppen von zehn bis 50 Personen, die die DNA der Organisation repräsentieren. Der Mikrokosmos bildet das Ganze im Kleinen ab, er reagiert auf Inhalte und Veränderungen wie das ganze System.

Dadurch ist es möglich, die „ganze" Organisation im Raum zu haben, ohne dass alle Mitarbeiter im Raum sind.

Die Idee einer Organisations-DNA wäre nicht möglich ohne die systemtheoretische Idee, dass Menschen nicht Bestandteile, sondern Umwelten der Organisation sind. Dank dieser Annahme kann die Organisation als Organisation betrachtet und bewegt werden, ohne dass die Menschen als Objekte der Veränderung „bearbeitet" werden müssten. Die konsequente Adressierung der Teilnehmer als Rollenträger und als Beobachter der Organisation macht diesen implizit deutlich, dass sie mit ihren spezifischen Blickwinkeln und Wahrnehmungen wichtig, aber nicht unersetzlich sind.

Aus einem anderen Blickwinkel könnte man sagen: Hätte es eines Beweises für die Sinnhaftigkeit dieser Unterscheidung von Person und Organisation als zweier unterschiedlicher lebender Systeme mit unterschiedlichen inneren Logiken bedurft, so wären Organisationskonferenzen ein ausgezeichnetes Beispiel und ein idealer Beleg für diese theoretische Annahme. Die systemtheoretische Perspektive erklärt, warum es funktioniert.

3.4.4 Organisation ist ein kollektives Konstrukt

Organisationen „bestehen" aus Kommunikation. Gleichsam „hinter" allen Kommunikationsprozessen liegen die jeweiligen individuellen Wirklichkeitskonstruktionen der Teilnehmer als Steuerungselemente der Kommunikation.

Aus systemischer Perspektive sind Organisationen das Ergebnis kollektiver Konstruktionen. Grenzen, Sinn, Identität, Spielregeln, Strukturen, Kultur, Effektivität sind Konstrukte, die erst in und durch Organisationskommunikation zum gemeinsamen Bild und damit zur gemeinsamen Wirklichkeit werden.

Veränderungen von Organisationen werden daher durch Veränderungen von Konstrukten angeregt: Neue Konstruktionen schaffen neue Organisationen.

Ganz deutlich wird diese Annahme bei Appreciative Inquiry erkennbar: Appreciative Inquiry definiert Organisationen als ein einziges großes Geschichtebuch, das ihnen ihre Identität gibt. Durch das Abfragen und Erzählen neuer Geschichten (Konstruktionen) über die jeweilige Organisation werden neue Wirklichkeitskonstruktionen (Geschichten) geschaffen, die die Organisation verändern können.

Organisationskonferenzen sind Kontexte für gemeinsames Konstruieren mit dem Ziel, eine neue Realität zu schaffen – eine neue Zukunft, neue Potentiale, neue Strategien, neue Lösungen.

Allen Konferenztypen ist diese Grundidee gemeinsam: Veränderte Kommunikationssettings sind die Basis neuer Konstruktionen. Wenn Menschen, die sonst kaum miteinander ins Gespräch kommen, plötzlich gemeinsam an Lösungen, Zukunftsbildern oder Ideen arbeiten, entstehen neue Konstrukte.

Im Konzept der RTSC-Konferenzen wird dieser Moment der Neukonstruktion als das Ziel der gesamten Reise beschrieben. Alle Interventionen im Prozess dienen dazu, einen kollektiven Paradigmenwechsel auszulösen und alte Muster der Beobachtung und Bewertung der Organisation und damit die Organisation selbst zu verändern.

3.4.5 Veränderung als Selbstorganisation der Organisation

Besonders zum Thema „Veränderung“ und „Change Management“ hat das systemische Paradigma zu einem neuen Verständnis sowohl im Management als auch in der Beratung geführt. Die systemische Annahme besagt, dass lebende Systeme autonom und damit von außen nur bedingt beeinflussbar sind. Sie entscheiden selbst, wie sie auf Impulse von außen reagieren. Sie sind selbstorganisiert, indem sie ihre eigene innere Ordnung jeweils selbst gestalten oder verändern.

Diese Annahmen haben die Bilder von Veränderung verändert: Veränderung erscheint unter diesen Voraussetzungen nicht mehr als „herstellbar“, sondern sie entsteht aus einem Prozess der Selbstorganisation. Veränderungen sind nicht machbar und unterliegen keiner linearen Input-Output-Logik. Veränderungen von Organisationen brauchen geeignete Kommunikationsgefäße, in denen die Prozesse der Selbstorganisationen von neuen Ordnungen erfolgen kann. Diese Kommunikationsgefäße bieten Organisationskonferenzen.

Insbesondere im Open Space wird dieses Prinzip zur Form: Die Konferenz ist nichts weiter als ein Rahmen für die Selbstorganisationspotentiale des Systems. Die Ergebnisse stehen nicht fest, niemand kann sagen, wie die Konferenz sich entwickelt. Das Risiko ist hoch und erzeugt bei Veranstaltern daher immer ein hohes Maß an Unsicherheit. Der Umgang mit dieser Unsicherheit ist eine der wesentlichen Lernerfahrungen für die Führung: Vertrauen versus Kontrolle wird hierbei auf offener Bühne erlebbar.

3.4.6 Veränderung als Lernen: Beobachtung zweiter Ordnung

Lernen kann aus systemisch-konstruktivistischer Sicht als die Erzeugung neuer Unterscheidungen und Konstrukte definiert werden. Neue Konstrukte entstehen, wenn neue Perspektiven eingenommen werden. Die Beobachtung zweiter Ordnung ist eine solche neue Perspektive.

Unter Beobachtung zweiter Ordnung wird die Beobachtung des Beobachters beim Beobachten verstanden. Erst diese Selbstbeobachtung macht dem Beobachter zugänglich, mit welchen Mustern und „Brillen“ er beobachtet. Die Beobachtung zweiter Ordnung ist die einzige Möglichkeit, die eigenen blinden Flecken zu sehen und vom Baum der Erkenntnis zu naschen. Diese neuen Informationen sind zwar oft eine Vertreibung aus dem Paradies, können aber der Ausgangspunkt von Veränderungen sein.

Die Beobachtung zweiter Ordnung braucht bestimmte Voraussetzungen. Günstig ist es, einen dringenden Anlass zu haben, um neue Perspektiven einzunehmen; unerlässlich ist aber, sich aus dem unmittelbaren Geschehen der alltäglichen Lebens- oder Arbeitsprozesse herauszuziehen und in einem anderen Kontext diese Prozesse zu thematisieren. Das Wort Ver-Stehen deutet darauf hin, dass wir nur dann verstehen, wenn wir stehenbleiben, aus dem Fluss der Prozesse aussteigen und dadurch auf diesen Fluss sehen können.

Um es in einem anderen Bild zu sagen: Man muss zugleich auf der Bühne und auf dem Balkon der Muppet-Show sein, um vom Balkon aus das Spiel auf der (eigenen) Bühne zu sehen.

Kernfrage der systemischen Organisationsberatung ist, ob und wie es gelingt, eine Organisation in eine Beobachtung zweiter Ordnung zu bringen, um ihr ihre eigenen Muster von Entscheidungen, Kooperationen, Konflikten, Prozessen, Wertungen usw. zugänglich zu machen. Wie kann eine Organisation ihre eigenen Bühnenspiele von ihrem eigenen Balkon aus beobachten?

Genau das geschieht in Organisationskonferenzen. Sie sind ein Rahmen, in dem die Organisation sich selbst thematisieren, selbst beobachten und beim Beobachten beobachten kann. Die Teilnehmer arbeiten in einem von den Arbeitsprozessen deutlich unterschiedlichen Rahmen (dem Balkon) und thematisieren dabei ihre Prozesse (die Bühne des Alltags).

3.4.7 Veränderung zweiter Ordnung: Veränderung der Muster der Veränderung

Organisationen verändern sich permanent. Tagtäglich ändern sich Aufgaben, Themen, Ziele, Konflikte, Beziehungen. Trotz dieses kontinuierlichen Wandels verlaufen diese Veränderungen meistens im Rahmen von bestimmten eingeübten Spielregeln, Mustern und Grundwerten ab. Manchmal werden Veränderungen oben beschlossen und dann angeordnet. Manchmal können Organisationen die Vorboten von Veränderungen erkennen, wenn wieder neue Berater im Haus sind, manchmal erfahren Mitarbeiter die Veränderung ihrer Organisation aus der Zeitung.

Von Veränderungen zweiter Ordnung spricht man dann, wenn sich nicht nur die Organisation als System verändert, sondern dabei zugleich auch ihre Muster, vor allem die der Veränderung, verändern. Erst dann sprechen wir von einem tiefgreifenden Wandel oder einer Transformation. Veränderung zweiter Ordnung bezeichnet die Veränderung der bisherigen Art und Weise der Veränderung.

Organisationskonferenzen sind eine spezifische Form von Veränderung mit spezifischen Mustern. Eine der zentralen Spielregeln von Veränderungen heißt: Veränderungen gelingen leichter, wenn die Hintergründe, Motive und Ziele bekannt sind und die Akteure der Veränderungen an der Umsetzungsplanung mitwirken.

Sofern diese Spielregel nicht ident mit der bisherigen Spielregel der Organisation ist, wird die Gestaltung der Veränderung mit der

Methode von Organisationskonferenzen einen Unterschied dazu machen.

So gesehen, sind Organisationskonferenzen oft der Start zur Veränderung zweiter Ordnung. Wenn bisherige Veränderungen in einer Organisation etwa *top down*, als Entscheidungen von oben, gestaltet waren, dann sind allein schon das veränderte Kommunikationssetting einer Konferenz, die Verfügbarkeit von Information, die Sitzordnung, das partizipative Suchen nach Lösungen und gemeinsamen Bildern ein Unterschied zu den bisherigen Strategien von Veränderung.

Vermutlich könnten noch einige andere Quellen der Methodik von Organisationskonferenzen genannt werden. Mit diesen genannten Quellen sind aber vermutlich die wesentlichen theoretischen und methodischen Hintergründe genannt.

Was sind nun die Gemeinsamkeiten von Organisationskonferenzen?

4. Gemeinsame Prinzipien in der Arbeit mit Großgruppen

Seit den 1990er Jahren haben sich zahlreiche Formen und Methoden der Arbeit mit großen Gruppen oder, besser: Systemen entwickelt: Zukunftskonferenzen, Open Space Technology, Strategiekonferenzen (RTSC) und Whole Scale Change, World Café und viele andere Spielarten. Trotz der vielfältigen und gegliederten Landschaft von Großgruppenmethoden (einen sehr guten Überblick über die verschiedenen Ansätze und Formate von Großgruppen bietet Holman u. Devane 2002) lassen sich doch eine Reihe von Gemeinsamkeiten erkennen, die die verschiedenen Methoden verbinden. Die hier aufgelisteten Prinzipien stellen keine vollständige oder gar wissenschaftliche Zusammenstellung dar und können ergänzt und erweitert werden.

4.1 Das ganze System in einen Raum bringen

„Getting the ‚whole system' in the room" (Weisbord a. Janoff 2000) – dieser Gedanke von Weisbord (1996, S. 6) wird in allen Methoden betont. Er ist eines der wichtigsten gemeinsamen Prinzipien von Organisationskonferenzen.

Das „ganze System" ist, wie bereits angemerkt, jenes System, das von den Beobachtern als ganzes System definiert wird. Es geht also nicht um einen holistischen – „ganzheitlichen" – Zugang, der von der einzelnen Person bis zum Kosmos alles einbezieht, sondern – im Gegenteil – um die gemeinsame Grenzziehung. Das „ganze" System ist nicht ident mit dem „gesamten" System. Das „ganze" System repräsentiert die Perspektiven der relevanten Stakeholder. Das können Vertreter einzelner Positionen oder Bereiche der Organisation sein, aber auch Vertreter bestimmter Strömungen, etwa der Skeptiker oder der Befürworter des Prozesses. Das „gesamte" System würde alle Menschen (und vielleicht auch noch die Infrastruktur und Ähnliches) zum System zählen.

In der Planung und Vorbereitung einer Konferenz ist daher die Beantwortung der Frage, welche Personen bzw. Funktions- und Perspektiventräger das System als „Ganzes" zeigen, eine der relevantesten Entscheidungen für das Gelingen der Konferenz und der Veränderung. Dabei sind zwei Aspekte bedeutsam:

Welche Personen repräsentieren das ganze System – die DNA der Organisation –, damit wir mit dem „ganzen System" arbeiten können?

Wie viele Personen bilden die kritische Masse, damit das ganze System in eine neue Richtung bewegt werden kann?

Von dieser kritischen Masse an Personen sollen genügend Impulse für die Veränderung bzw. ein Paradigmenwechsel des ganzen Systems ausgehen.

Das ganze System im Raum zu haben bedeutet, dass das ganze System sich gleichzeitig und gemeinsam an der Veränderung beteiligt und sie gestaltet. Simultaneous Change und Spirit of Community, wie dies Matthias zur Bonsen bezeichnet, können sich auf diese Weise entfalten.

4.2 Eigenverantwortung und Selbstorganisation

Allen Großgruppenmethoden ist gemeinsam, dass sie bei den Teilnehmern eigenverantwortliche Beteiligung voraussetzen und sie von ihnen erwarten. Es ist das gemeinsame Grundprinzip aller Konferenzen, dass alle Teilnehmer involviert werden, Aufgaben übernehmen, ihre Sicht einbringen und für das Ergebnis und für die Umsetzung verantwortlich sind.

Das Prinzip der Eigenverantwortung kommt beispielsweise in der Formulierung der Aufgaben und Rollen in den Kleingruppen in Zukunfts- und RTSC-Konferenzen zum Ausdruck: Beinahe jede Aufgabe an die Gruppe beginnt mit der Aufforderung: „*Wählen Sie einen Moderator, einen Zeitnehmer, einen Schreiber und einen Sprecher.*"

Diese vier Rollen und ihre Aufgaben werden zu Beginn der Konferenz erklärt und in der Folge von den Gruppen autonom verwaltet. Damit werden die hierarchischen Beziehungen in der Organisation teilweise aufgehoben, die Abhängigkeit von Moderatoren oder Experten fällt weg.

Auf Grund der hohen Eigenverantwortlichkeit der Teilnehmer kann eine Großgruppe leicht von einem oder zwei Moderatoren geleitet werden.

Ein anderes Beispiel für die geforderte Eigenverantwortung in Großgruppen ist das bekannte „Gesetz der zwei Füße" im Open Space. Im Rahmen der Eröffnung einer Open-Space-Konferenz stellt der Moderator die Spielregeln vor.

Das „Gesetz der zwei Füße" besagt, dass jeder Teilnehmer während der gesamten Konferenz dafür verantwortlich ist zu entscheiden, ob er persönlich etwas lernen oder zum Lernen anderer Teilnehmer etwas beitragen kann. Er hat daher das Recht, Arbeitsgruppen jederzeit zu verlassen, wenn keines von beidem der Fall ist.

Open Space ist wohl jene Konferenzform, die das Prinzip der Selbstorganisation lebender Systeme und damit der Eigenverantwortlichkeit der Teilnehmer am deutlichsten und radikalsten umsetzt. Das Angebot ist ein offener Raum, den Rahmen bilden nur einige wenige Strukturen: Raum und Zeit sowie ein paar wenige und einfache Spielregeln, von denen das Gesetz der zwei Füße die zentrale Regel darstellt. Die Tagesordnung, Ziele, Inhalte und Ergebnisse der Konferenz werden ausschließlich von den Teilnehmern gestaltet und verantwortet.

Aber auch stärker durchdesignte Konferenzformen, wie die Zukunftskonferenz oder RTSC-Konferenzen, bieten den Teilnehmern letzten Endes nur Strukturen, innerhalb deren die Selbstorganisationsprozesse von Kommunikation, Entscheidungen oder Planungen stattfinden können. Die Moderation hält lediglich den Rahmen für Selbstverantwortung und Selbstorganisation bereit.

Darin liegen aber Risiken und Herausforderungen für Organisation und Berater: Beide brauchen ein hohes Maß an Bescheidenheit und Respekt gegenüber der Eigenlogik und Selbstorganisationskraft von sozialen Systemen.

4.3 Vorrang des Gemeinsamen vor dem Trennenden

Marvin Weisbord, der große Pionier von Großgruppenarbeiten, hat dieses Prinzip am deutlichsten artikuliert: „Touch common ground!" Die entsprechende Empfehlung heißt: „Befassen Sie sich mit einem gemeinsamen Ausgangspunkt und gewünschten Zukunftsperspektiven – nicht mit Problemen und Konflikten" (Weisbord 1996).

Für unser herkömmliches Verständnis von guten Entscheidungen klingt das befremdlich: Wenn sich nun aber Unterschiede, Gegensätze, Konflikte zeigen, was tun wir denn damit? Werden diese Positionen nicht zu wenig gewürdigt? Wie können wir zu gemeinsamen Lösungen kommen, ohne jede einzelne Differenz genau betrachtet, analysiert und dann wieder aufgelöst zu haben?

Großgruppen folgen nicht der Perspektive des Einzelnen, sondern der Energie des ganzen Systems. Die Erfahrung, dass die Klärung von Konflikten häufig lähmende Wirkung erzeugt, dass Probleme hypnotische Wirkungen haben und unendliche Energien und Aufmerksamkeit binden können, lässt sich in jeder Organisation machen.

In Großgruppenverfahren geht es um die Erhöhung von Handlungsfähigkeit. Daher wird gezielt nur nach jenen Themen gesucht, für die bei möglichst vielen Teilnehmern möglichst viel Energie vorhanden ist. Die problematischen und konflikthaften Themen, die Energie binden und Handlungsmöglichkeiten einschränken, werden daher bewusst auf die Seite gestellt.

„Touch common ground" ist im Prozess einer Zukunftskonferenz daher ein eindrucksvoller Moment: Die gesamte Gruppe hat viele unterschiedliche Ideen und Bilder einer gemeinsamen Zukunft entworfen und soll sich nun auf die wesentlichen Aspekte für die Umsetzung einigen. Dieser Moderationsschritt ist so einfach wie einleuchtend: Alle von den Gruppen erarbeiteten Themen und Bilder werden angesprochen, aber es kommen nur jene Themen in das neue gemeinsame Bild, denen alle zustimmen. Ist das bei einem Thema nicht der Fall, dann wird es in die „Liste der ungelösten Differenzen" aufgenommen und kann – falls dafür noch Interesse und Energie besteht – außerhalb der Konferenz weiterbearbeitet werden.

Hinter diesem Prinzip stehen eine „positive Unterstellung“ und das Vertrauen in lebende Systeme, dass „das ganze System“ klug ist und die Kompetenz und Kraft für Lösungen in ihm selbst liegen und nur freigesetzt werden müssen. „Unleashing the magic“ nennen Dannemiller Tyson Associates dieses Prinzip.

4.4 Fokus auf der Zukunft

Keine einzige Konferenzform dient dem Zweck, die Vergangenheit zu analysieren. Bei keiner einzigen Methode wird der Vergangenheit viel Raum gegeben. Wenn – wie in der Zukunftskonferenz oder auch im Rahmen von Appreciative Inquiry Summits – die Vergangenheit thematisiert wird, dann dient diese Perspektive vor allem dazu, Kraft und Erkenntnisse für die Zukunft zu gewinnen. Im Verständnis von Appreciative Inquiry ist die Vergangenheit nicht die Quelle und Ursache von Problemen, sondern ein Schatz an Ressourcen, den man heben und für die Zukunft nutzen kann.

An diesem Punkt haben einige Pioniere von Großkonferenzen offenbar Anleihe bei der lösungsorientierten Kurzzeittherapie und Steve de Shazer genommen. In den meisten strukturierten Konferenzen kommt irgendwann der Moment der „Wunderfrage“ und danach das Schauspiel, wenn Hunderte von Menschen im Raum gemeinsam und spielerisch ihre Visionen und Zukunftsbilder kreativ gestalten.

Die Wunderfrage ist ein zentrales Element und ein emotionaler Höhepunkt bei der Zukunftskonferenz, bei AI-Summits und auch bei RTSC-Konferenzen.

4.5 Fokus auf Ressourcen und Lösungen

Auch in diesem Prinzip wirkt die „positive Unterstellung“, dass lebende Systeme über Fähigkeiten, Qualitäten und Potentiale verfügen, die sie auf ihrer Suche nach Lösungen und Zukunftsbildern erkennen und nutzen können.

Auch wenn der Ausgangspunkt der meisten Konferenzen ein „Problem“, eine unbefriedigende Situation oder ein anderer Anlass für Veränderung ist, so richtet sich die gesamte Aufmerksamkeit nicht auf die Analyse, Diagnose und Erklärung des Problems, sondern auf die Möglichkeiten der Veränderung und die dafür vorhandenen – nicht: notwendigen! – Ressourcen.

Am deutlichsten kommt diese Haltung im Ansatz von AI zum Ausdruck. Den Fokus hartnäckig und konsequent auf das zu richten, was funktioniert, auf die Stärken, die besten Erfahrungen und das, was am meisten geschätzt wird, drückt dieses Prinzip aus.

Aber auch alle anderen Methoden unterstellen Organisationen, dass in ihnen alle erforderlichen Ressourcen stecken, die sie für ihre Vorhaben brauchen. Open Space wäre ohne diese Unterstellung nicht möglich, ebenso wenig Zukunftskonferenzen oder RTSC.

Eine der Grundannahmen aus AI lautet: In jedem lebenden System steckt etwas, das gut funktioniert – sonst würde es nicht leben.

4.6 Systemischer Blick

> „Aus den Erkenntnissen von Emery und Trist leite ich ab, wie wichtig es ist, einen globalen Zusammenhang herzustellen, eine ganzheitliche, systemische Perspektive zu entwickeln und den Menschen die Verantwortung für ihre eigenen Pläne zu überlassen“ (Weisbord 1996, S. 12).

So weit Marvin Weisbord. Der Bezug zum systemischen Paradigma wurde bereits ausführlich dargestellt.

In Großkonferenzen geht es im Allgemeinen darum, neue Perspektiven einzunehmen, einen Paradigmenwechsel einzuleiten und damit Veränderungen oder Problemlösungen zu entwickeln. Die von Marvin Weisbord immer wieder verwendete Sufi-Geschichte von den sechs blinden Männern, die aus unterschiedlichen Perspektiven den Elefanten betasten und daraufhin vollkommen unterschiedliche innere Bilder von ihm gewinnen, drückt diese systemische Sicht aus. Es geht in den Konferenzen darum, gemeinsam den „ganzen Elefanten“ zu erkennen.

In der Zukunftskonferenz drückt sich der Anspruch, eine neue gemeinsame Perspektive auf die eigene Organisation zu gewinnen, in den einzelnen Arbeitsschritten aus: Eine gemeinsame Geschichte der Organisation wird kreiert, ein Blick auf das System in seiner Umwelt geworfen, indem die wichtigsten Trends rund um die eigene Organisation und damit die Komplexität in einer riesigen gemeinsamen Mindmap dargestellt werden.

Auch bei RTSC ist die systemische Perspektive – das System und seine Umwelt – zentrales Element. Dabei geht es um die kollektive Konstruktion der gemeinsamen Organisation und ihrer Umwelt. „Creating a common database" ist der erste und wichtigste Schritt bei einer RTSC-Konferenz. Die Informationen kommen von unterschiedlichen Stakeholdern der Organisation oder auch von Beobachtern von außen. Nicht selten werden Kunden, Lieferanten oder andere relevante Außenbeobachter eingeladen, ihre Sicht vorzustellen, um der Organisation neue Perspektiven auf sich selbst zugänglich zu machen. Zumeist ist das ein Höhepunkt der Konferenz.

Die kollektive Konstruktion einer gemeinsamen aktuellen Wirklichkeit der Organisation – wie immer sie methodisch angeleitet wird – ist die Basis der Veränderung. Bei den strukturierten Konferenzen (bei allen außer Open Space) ist diese Phase der Schritt vor der gemeinsamen Suche nach einer attraktiven Zukunft.

Der systemische Blick eröffnet nicht nur die System-Umwelt-Perspektive, sondern zeigt den Beobachtern ihre Organisation als System, das eine eigene Geschichte und eine eigene Logik hat, die sich unabhängig von den einzelnen Menschen entwickeln.

4.7 Organisationsdialog

Alle Konferenzen verstehen sich als eine Chance für neue Formen der Kommunikation in Organisationen. Sie sind ein Raum, in dem in neuer Form (Sitzordnung in Achtergruppen oder im großen Kreis des Open Space), mit neuen Partnern (wechselnde Gruppenzusammensetzungen) über neue Themen (Lösungen statt Probleme, Ressourcen statt Defizite) und in neuer Struktur (gemeinsame Erforschung statt Informationen durch Manager oder Experten) kommuniziert werden kann.

Indem wir im systemischen Verständnis Organisationen als Kommunikationssysteme definieren, ist die Veränderung der Kommunikation zentraler Ansatz für Veränderungen und keine moralische

Kategorie. Bei Großkonferenzen eröffnet sich nicht nur die Möglichkeit, neue Informationen zu generieren, sondern zugleich auch diejenige, neue Muster und neue Spielregeln der Kommunikation zu erproben. Form und Inhalt der Kommunikation sind das Drehmoment der Veränderung.

Üblicherweise haben Kommunikationsprozesse und -spielregeln in Organisationen bestimmte Muster, eingespielte Wege *(top down)*, erprobte Settings (das „Montag-Morgen-Meeting"), immer die gleichen Themen (Zahlen). Organisationen entwickeln im Lauf der Zeit so etwas wie eine „Kommunikations-Arthritis". Die Form des Dialogs, in dem alle Meinungen gehört werden, in der neue Kooperationspartner kennengelernt, neue Themen besprochen (z. B. unsere gemeinsame Zukunft) und neue Methoden (z. B. gemeinsam zeichnen) erlebt werden, bringen viele Ansätze zur Veränderung der Kommunikation in Organisationen. Aus alten Wegen wird bewusst ausgebrochen, alte Themen werden neu betrachtet. Konferenzen sind eine neue Form von Organisationsdialogen.

„Jede Stimme zählt" ist einer der Spielregeln in Zukunfts- und RTSC-Konferenzen. Wenn jede Stimme gehört werden kann, entsteht Dialog und damit eine neue Kultur der Kommunikation.

4.8 Emotionen und Energie

Organisationen werden nach wie vor gern als von Rationalität, Aufgaben und Zahlen, also von *hard facts* getriebene Systeme definiert. Obwohl es sich schon herumgesprochen hat, dass sich die *soft facts* wie Kultur, Emotionen oder Energie als die eigentlichen harten Nüsse bei Veränderungen erweisen, sind die Versuche, Veränderungen weiterhin über Zahlenziele oder Umstrukturierungen von oben herbeizuführen, immer noch beachtlich häufig.

In Großgruppen spielen Kultur, Emotionen und Energie eine große Rolle. Diese Themen werden auch explizit angesprochen und bilden einen wichtigen Input für die Teilnehmer.

Bei der Zukunftskonferenz bildet das Vorstellen der „4-Zimmer-Wohnung" des schwedischen Sozialpsychologen Claes Janssen nicht nur einen interessanten Input, was den Verlauf der Verarbeitung von Veränderungen betrifft, sondern dient zugleich als Wegweiser durch die Höhen und Tiefen der gesamten Konferenz. Mehr dazu im Praxisteil über Zukunftskonferenzen.

In der RTSC-Konferenz werden den Teilnehmern einige Formeln für die Energie in Veränderungsprozessen vorgestellt: „Energy for sustaining change comes from the metaphoric multiplication of meaning, hope, and power“ (Dannemiller Tyson Associates 2000, p. 155).

Die Formel für Energie lautet:

Sinn × Hoffnung × Macht (Einfluss) = Energie.

Und schließlich findet sich das Emotions- und Energiethema auch in dem einfachen Gesetz der zwei Füße des Open Space. Der Auftrag an die Teilnehmer lautet: Geh mit deiner Energie und mit deinen Gefühlen, übernimm Verantwortung dafür, dass deine Energie fließt.

Diese explizite Betonung von *soft facts* macht in den meisten Fällen einen großen Unterschied für die Teilnehmer. Emotionen sind im Allgemeinen ein Tabuthema von Organisationen. Bei den Konferenzen erfahren die Teilnehmer nicht nur, was ohnehin jeder weiß, dass nämlich Gefühle und Energie eine große Rolle in der eigenen Organisation spielen, sondern sie erleben und lernen in der Konferenz ganz unmittelbar, wie sie gemeinsam damit umgehen können.

In den meisten Konferenzen gibt es emotionale und energetische Höhepunkte und Tiefpunkte, die zum Prozess gehören, auf die im Voraus hingewiesen wird und die gemeinsam durchlebt werden. Diese Erfahrung kann in den Organisationsalltag mitgenommen werden.

4.9 Das Feuer am Lodern halten

Im Unterschied zu Workshops, bei denen analysiert, reflektiert und geplant wird, sind Konferenzen Settings, in denen die Veränderung sofort stattfinden und erlebt werden kann. Diese Erfahrungen neuer Kommunikationsformen verändern für die Teilnehmer zumeist sehr viel. In der Folge sie sind die Treiber der Veränderung und damit die Energiequelle für weitere Prozesse.

Die in der Konferenz erarbeiteten Visionen und Ziele werden daher am Ende der Konferenz zu Arbeitspaketen geschnürt und in die Verantwortung der Teilnehmer übergeben. Großkonferenzen schließen im Allgemeinen mit Arbeitsplänen, Maßnahmeplänen, Aufgaben und Zielen ab.

Die Umsetzung geschieht nach der Konferenz. Die Arbeit an der Umsetzung hält das Feuer am Lodern.

Konferenzen dienen also nicht dazu, dass eine große Gruppe von Menschen sich für eine Weile wohlfühlt und im Wir-Gefühl badet, sie dienen nicht dazu, dass ein Teil der Organisation andere Teile in Bewegung bringen soll, sondern sie dienen dazu, gemeinsam Veränderungen entstehen zu lassen.

4.10 Kein Event, sondern ein Prozess

Als die Arbeit mit großen Systemen bekannt wurde, wurden solche Konferenzen teilweise als neues Wundermittel angesehen, und es verbreitete sich schnell die Idee, dass man komplexe Probleme mit einer einzigen Veranstaltung lösen könne. Ein attraktiver Gedanke nach den opulenten und jahrelangen Prozessen im Rahmen der Organisationsentwicklung. „Wir ändern alles in nur drei Tagen" klingt wirklich gut.

Großgruppen sind tatsächlich dafür gedacht, komplexe Systeme schnell und umfassend zu verändern und zu gemeinsamen Lösungen oder Visionen zu kommen. Wer aber denkt, dass diese Ziele mit einer einmaligen Veranstaltung erreicht werden können, wird schnell eines Besseren belehrt.

Großgruppen eignen sich zweifellos dafür, alle wichtigen Stakeholder einmal zusammenzubringen, um Fragen zu klären und einen Impuls zu setzen. Ganz besonders bei den Zukunftskonferenzen steht dieser Aspekt im Vordergrund. Marvin Weisbord und Sandra Janoff beschreiben ihre Methode auch so detailreich, dass man annehmen könnte, mit dieser einen Veranstaltung könnten komplexe Veränderungsprozesse in allen ihren Facetten und Aspekten eingeleitet und umgesetzt werden.

Für alle Konferenzformen wird aber ein längerer Prozess vorausgesetzt.

Harrison Owen sieht Open Space nicht als eine neue Form von Meetings, sondern als eine neue Form der Kommunikation und Interaktion, als neue Haltung und Kultur und damit als eine Möglichkeit des permanenten Lernens von Organisationen. Open Space „ist eine alternative Geometrie für die Organisation" (Owen 2001b, S. 125). Open Space ist eine Intervention in die Organisation, die zu einer „Open-Space-Organisation" führen soll, in der weniger linienförmige Verbindungen und Kontrollmechanismen wirksam sind, sondern die offene Kommunikation. Die Open-Space-Konferenz kann ein erster Impuls dazu sein.

Auch AI-Summits werden in der Praxis in einen längeren Prozess eingebettet. Oft gehen der Konferenz wertschätzende Interviews voraus, deren Ergebnisse dann „Material" sind, an dem bei der Konferenz weitergearbeitet wird. Die Umsetzung der bei der Konferenz entwickelten Visionen und Ziele erfolgt wieder außerhalb der Konferenz.

Am deutlichsten ist der Prozessgedanke im Konzept von Whole Scale Change ausformuliert. Whole Scale Change ist ein Change-Management-Ansatz, der sich aus der RTSC-Konferenz entwickelt hat. Im Whole-Scale-Change-Konzept werden Veränderungen als umfassende Roadmaps gestaltet, die in einer Abfolge von Veranstaltungen mit großen und kleinen Gruppen besteht. Das Modell heißt das „Converge/Diverge Model" (Dannemiller Tyson Associates 2000, p. 217) und bildet einen Veränderungsprozess ab, der als eine Serie unterschiedlicher Aktivitäten gestaltet ist (vgl. Abb. 2).

Großgruppen sind auch keine Massenveranstaltungen, die man einmal durchführt, um der Organisation einen „Kick" zu geben. In Großgruppen kann Energie für Veränderungen entstehen, die man

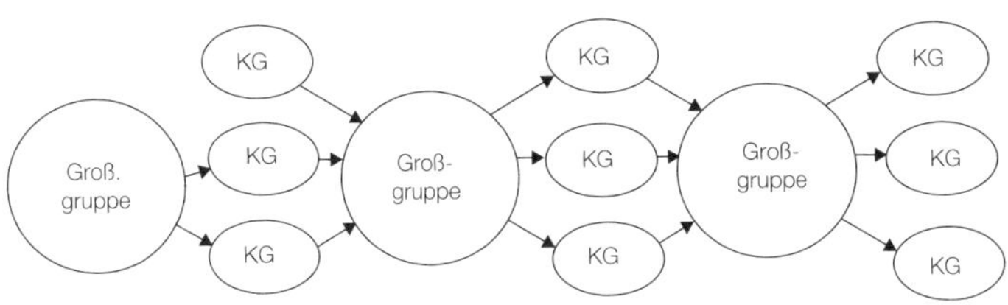

Abb. 2: Converge/Diverge Model

auch braucht, wenn man die Mühen der Ebene gemeinsam durchqueren will. Großgruppen sind aber Arbeitssitzungen und keine Incentives. Ein einmaliges Event, das hohe Energie freisetzt, kann ein „Schuss in den Ofen" werden, wenn dort hohe Erwartungen entstehen, die anschließend nicht bedient werden.

Großkonferenzen sind – nüchtern betrachtet – eines von mehreren Instrumenten beraterischer Intervention. Sie können zu einem Höhepunkt im Prozess werden oder auch zu einer neuen und alltäglichen Form der Kommunikation. Mit Sicherheit sind sie aber Teil eines größeren Prozesses.

Es zeigt sich, dass Großgruppen unterschiedliche Methoden oder Formate haben, dass sie zugleich aber eine ganze Reihe von Gemeinsamkeiten aufweisen. Wer viel mit Großkonferenzen gearbeitet hat, wird dort ähnliche Grundstimmungen an Wertschätzung, positiver Energie und eigenverantwortlicher und konzentrierter Arbeit vorfinden. Das ist eine der wesentlichen Gemeinsamkeiten.

Nach der Darstellung der gemeinsamen Quellen und Prinzipien können wir die einzelnen Methoden genauer betrachten.

5. Die Praxis von Großgruppen-Methoden

Seit den 60er Jahren des vergangenen Jahrhunderts beschäftigten sich Sozialforscher und Berater mit der Frage, wie Veränderungen und Entwicklungen in Organisationen und anderen sozialen Systemen, etwa von Gemeinden oder Verbänden, mit hoher Partizipation der beteiligten Personen oder „Systeme“ organisierbar sein können. Die ersten Versuche dazu kamen von Fred Emery und Eric Trist.

In den folgenden Jahrzehnten entstanden zahlreiche Variationen auf das Thema „Großgruppe“. Jede dieser Varianten hat ihre spezifischen Schwerpunkte und Ausrichtungen und dient unterschiedlichen Zielen.

Um Ihnen einen Überblick über die Fülle an unterschiedlichen Formen, Schwerpunkten und Methoden zu geben, seien hier alle Großgruppen aufgelistet, die im Laufe der Zeit entwickelt und angewendet wurden. Im „Change Handbook“ (Holman u. Devane 2000) sind alle diese Formate genau beschrieben und verglichen.

5.1 Groß-Konferenzen als Rahmen zur (Er-)Findung eines gemeinsamen Zukunftsbildes

Diese Konferenzen können eingesetzt werden, um gemeinsame Zukunftsbilder zu entwerfen oder zu einer bestimmten Fragestellung für die Zukunft zu einem Dialog und zu Entscheidungen zu kommen.

- *Search Conferences:* entwickelt 1960 von Fred Emery und Eric Trist. Search Conferences sind für Gruppen von bis zu 35 Personen geeignet, um klare Zukunftsbilder und Aktionspläne zu erarbeiten.
- *Future Search:* entwickelt 1982 von Marvin Weisbord und Sandra Janoff. Auf der Grundlage einer gemeinsamen Wissens-

basis werden Zukunftsbilder und Maßnahmenpläne entwickelt.

- *Technology of Participation* bzw. *Participatory Strategic Planning:* entwickelt 1984 von Mitarbeitern des ICA (Institute of Cultural Affairs) in Chicago. Hier steht die Partizipation bei der Schaffung von Zukunftsperspektiven im Vordergrund.
- *Strategic Forum* bzw. *Strategieforum:* entwickelt 1987 von Barry Richmond. Diese Form dient der Überprüfung der strategischen Ziele einer Organisation.

5.2 Groß-Konferenzen als Rahmen zur Schaffung neuer Organisationskulturen und Strukturen

In diesen Konferenzen geht es darum, bestimmte (idealisierte) Vorstellungen von Organisationen zu realisieren: Selbstorganisation, Partizipation, neue Kultur des Dialogs, „eine Arbeitswelt schaffen, in der Menschen und Organisationen gedeihen“ (ebd.) und zugleich schnellen Wandel einzuleiten.

- *Participative Design Workshop:* entwickelt 1971 von Fred Emery. Ziel: Auf der Basis von Wissen soll die Organisation sich selbst steuern können.
- *Gemba Kaizen:* beschrieben 1986, von Masaaki Imai. Schaffen einer schlanken und effektiven Prozess-Organisation.
- *Fast-Cycle Full-Participation:* entwickelt 1992 von William und Mary Pasmore, Al Fitz, Bob Rehm und Gary Frank. Ergebnisoptimierung durch Veränderungen von Strukturen, Prozessen, Rollen und Arbeitsinhalten.
- *Whole Systems Approach:* 1994 von Bill und Cindy Adams entwickelt. Positive Veränderungen und individuell wie gemeinsam außerordentliche Ergebnisse erzielen.

5.3 Groß-Konferenzen als Rahmen für Planung und Strukturierung von Zielen

Diese Konferenztypen dienen der gemeinsamen Bearbeitung von Veränderungszielen und der Planung ihrer Umsetzung.

- *Preferred Futuring:* entstanden 1969 durch Ronald Lippitt und Ed Lindaman. Dient der gemeinsamen Konstruktion einer erwünschten Zukunft und der Mobilisierung der Umsetzungsenergie.
- *SimuReal:* entwickelt in den 70er Jahren des 20. Jahrhunderts durch Ronald C. Klein. Anhand von Simulationen Interaktionen erleben und daran lernen, mit Herausforderungen umzugehen.
- *Organization Workshop:* 1978 von Barry Oshry entwickelt. Systemsicht vermitteln und neue Vernetzungen in der Organisation schaffen.
- *Whole Scale Change:* 1982 entwickelt von Paul Tolchinsky, Kathleen Dannemiller und Dannemiller Tyson Associates. Komplexe Veränderungen in kurzer Zeit und mit dem ganzen System gestalten.
- *Dialogmethode:* 1985 von unterschiedlichen Gruppen auf den Arbeiten von David Bohm aufbauend entwickelt. Miteinander denken lernen, neue Kommunikationsformen finden.
- *Open Space Technology:* 1985 von Harrison Owen entwickelt. In der offenen Form zu neuen Lösungen finden.
- *Appreciative Inquiry:* 1987 entwickelt durch David Cooperrider, Suresh Srivastva an der Case Western Reserve University und am Taos Insititut. Wertschätzende Unternehmenskultur schaffen, auf den Ressourcen aufbauen.
- *Conference Model:* 1991 von Dick und Emily Axelrod entwickelt. Veränderungen anregen durch Einbinden einer kritischen Masse von neuen Elementen.
- *Think Like a Genius:* 1993 von Todd Siler entwickelt. Kreative Leistungen durch Kommunikation, Kooperation und Wissensvernetzung erzielen.
- *Real Time Strategic Change:* 1994 von Robert W. Jacobs und Frank McKeown entwickelt. Die gewünschte Zukunft schnell und nachhaltig erschaffen.

Aus der Fülle dieser Formen haben sich einige wenige Konferenz-Formate und -Methoden herausentwickelt, die nicht nur häufig verwendet werden, sondern auch den Sprung von den USA nach Europa und damit in einen breiten Kreis von Beratern und Managern gefunden haben. Diese Hauptformen wollen wir näher und in der Tiefe beschreiben.

Dieses Kapitel gibt Ihnen Einblick in und Überblick über die bekanntesten Methoden von Großgruppen und Organisationskonferenzen:

- Zukunftskonferenz
- RTSC-Konferenz
- Open Space
- Appreciative Inquiry Summit
- World Café

Um Gemeinsamkeiten und Unterschiede gut erkennbar zu machen, folgen die Beschreibungen einer durchgehenden Struktur:

1. Quellen und Hintergrund
2. Struktur
3. Ablauf
4. Infrastruktur und Material
5. Möglichkeiten und Grenzen des Einsatzes

5.4 Die Zukunftskonferenz

„Bring the whole system in the room."

5.4.1 Quellen und Hintergrund

Die Zukunftskonferenz, wie sie heute bekannt ist, wurde von Marvin Weisbord entwickelt. Er selbst nennt seine wichtigsten Quellen (Weisbord 1996, S. 11): Erich Trist (USA) und Fred Emery (Australien); sie begannen 1960 mit „Zukunftskonferenzen" für eine Fluggesellschaft. Trist und Emery ließen Führungskräfte ihr gesamtes Wissen zusammentragen und schufen damit „eine ganzheitliche, systemische Perspektive". Die Verantwortung für ihre Pläne wurde den Teilnehmern überlassen. Trist und Emery gelten als die wichtigsten Vertreter des soziotechnischen Systemansatzes und damit als Protagonisten der USA-spezifischen Form von systemischem Denken. Die beiden haben die Beratung in den USA wesentlich beeinflusst.

Ronald Lippit und Eva Schindler-Rainman beschrieben in den 70er Jahren ihre in den USA durchgeführt 88 Zukunftskonferenzen in Gemeinden.

> „Sie fanden heraus, dass entscheidende Durchbrüche bei Problemlösungen erzielt wurden, wenn man einen Querschnitt durch die verschiedenen Organisationen einer Gemeinde in einem Raum zusammenbrachte – manchmal bis zu zweihundertfünfzig Personen –, manchmal schon innerhalb eines Tages. Ein Schlüsselelement dieser Konferenzen war, dass die Teilnehmer ‚Bilder von Potentialen‘ (wünschenswerte Zukunftsvorstellungen) entwickelten, anstatt kopfüber in die Problemlösung einzusteigen“ (Weisbord 1996).

Claes Janssen steuert die „4-Zimmer-Wohnung“ bei, die die emotionale Entwicklung von Veränderungsprozessen beschreibt. Das Modell wird am Beginn der Konferenz vorgestellt und macht den Teilnehmern klar, dass ihr gemeinsamer Weg nicht nur von Freude geprägt sein wird, sondern auch durch Phasen der Angst, des Ärgers und der Verwirrung führen wird. Auch wenn jeder Mensch den Wunsch hat, aus einem Zustand der Zufriedenheit direkt in einen neuen Zustand zu kommen, so führt der Weg in der Praxis doch

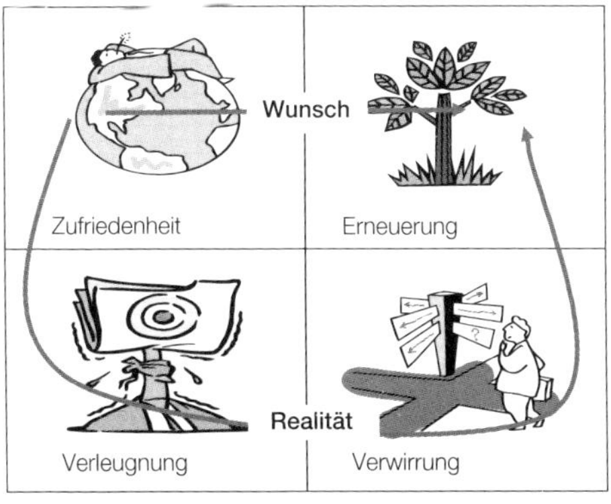

Abb. 3: Die 4-Zimmer-Wohnung von Veränderungsprozessen nach Janssen (Weisbord a. Janoff 2000)

durch das „Tal der Tränen“ – in Zustände von Verleugnung, Angst, Wut und Unsicherheit, ehe man das Neue erkennt.

Systemisches Denken bildet in vielerlei Hinsicht eine wesentliche Quelle der Zukunftskonferenz. Weisbord betont immer wieder, wie wichtig die systemische Perspektive für ihn und die Zukunftskonferenz ist. Erst wenn das System in seiner Umwelt wahrgenommen wird, können wir es verändern.

5.4.2 Struktur

- Teilnehmerzahl: 16–72.
  Die Teilnehmer werden in der Vorbereitung auf Grund ihrer Position, Funktion und speziellen Perspektive ausgewählt und eingeladen.
- Dauer: zwei bis drei Tage, beginnend mit dem Nachmittag des ersten Tages, endend am Mittag oder Nachmittag des dritten Tages.
- Kommunikationssetting: Gruppen zu jeweils acht Personen in einem Raum.
- Zusammensetzung: Die Gruppenzusammensetzungen sind für die Teilnehmer nicht frei wählbar und ändern sich mehrmals im Laufe der Konferenz. Für manche Aufgaben sitzen die Teilnehmer in funktional gemischten Gruppen, so dass in jeder Gruppe möglichst viele Perspektiven des Systems vertreten sind, für andere Aufgaben werden die Gruppen möglichst homogen zusammengesetzt, wodurch in den Gruppen ähnliche Perspektiven vorherrschen, während die Vielfalt der Organisation durch das Plenum repräsentiert wird.

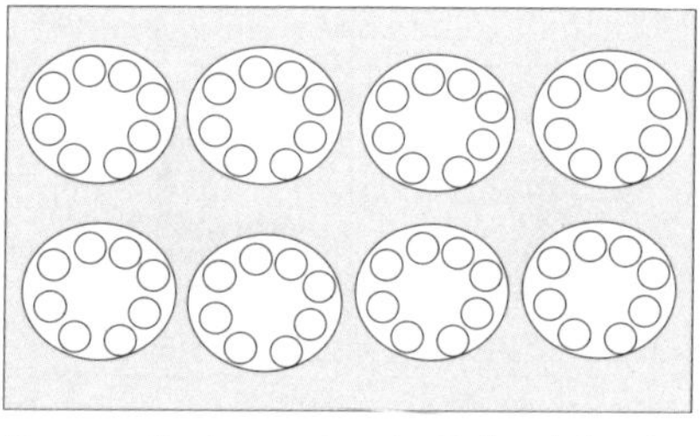

Abb. 4: Das Kommunikationssetting der Zukunftskonferenz

„Wir treten dafür ein, dass in Vergangenheit, Gegenwart und Zukunft in jeder nur vorstellbaren Kombination jeder alle Daten zur Verfügung haben und für seine eigene Wahrnehmungen und Pläne verantwortlich sein soll" (Weisbord 1996, S. 6).

Abb. 5: Achtergruppe

5.4.3 Ablauf

Zukunftskonferenzen sind in ihrem Ablauf sehr stark standardisiert und geben der Moderation wenig Gestaltungsspielraum. Weisbord betont immer wieder, dass dieses Design lange entwickelt und vielfach erprobt wurde und sich als das beste erwiesen hat.

Der Ablauf einer Zukunftskonferenz führt die Teilnehmer durch vier Themen und Aufgabenstellungen:

a) Vergangenheit

Der erste Schritt ist ein Rückblick auf die gemeinsame Geschichte und auf Schlüsselereignisse jedes einzelnen Teilnehmers, des gemeinsamen Systems und in der Welt. Bei dieser Aufgabe arbeiten die Teilnehmer in maximal gemischten Gruppen.

Diese Aufgabe wird methodisch als große, gemeinsame Timeline gestaltet: An drei Wänden des Raumes sind lange Papierbahnen mit Markierungen für den gewünschten Betrachtungszeitraum (etwa die letzten zehn Jahre) montiert. Jede der Bahnen ist für jeweils ein Thema vorgesehen: persönliche Wendepunkte, Wendepunkte in unserem System, in der Welt. Die Teilnehmer tragen ihre persönlichen Erinnerungen an die Wendepunkte auf den jeweiligen Papierbahnen ein. Die verbundenen Hoch- und Tiefpunkte ergeben eine kollektive „Fieberkurve“, die im Anschluss von den Gruppen zu einer gemeinsamen „Geschichte“ konstruiert wird.

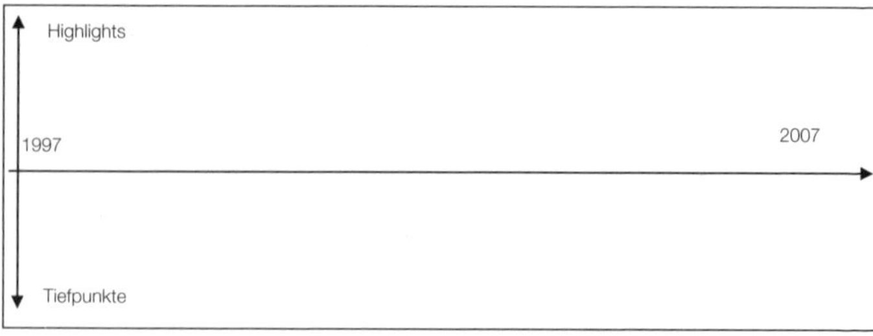

Abb. 6: Die noch leere Wand

Abb. 7: Die Entstehung der gemeinsamen Geschichte

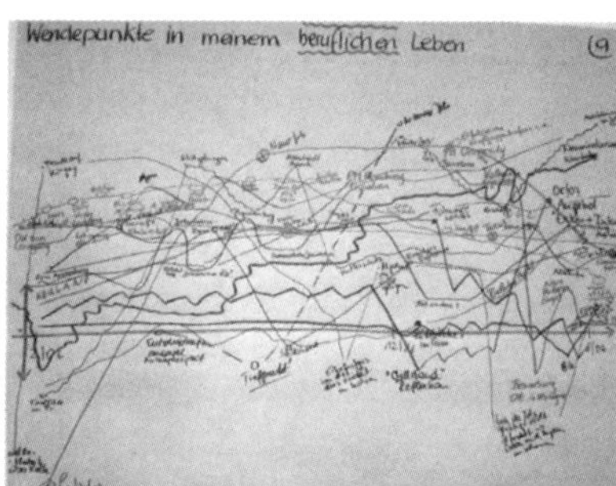

Abb. 8: Das Ergebnis ist verwirrend

b) Gegenwart

Die Gegenwart wird in der Zukunftskonferenz aus zwei verschiedenen Perspektiven erschlossen, von außen und von innen.

Der Blick von außen:
Die Teilnehmer werfen gemeinsam einen Blick auf die wichtigsten äußeren Trends und Kräfte, die das gemeinsame System derzeit beeinflussen. Methodisch wird diese Aufgabe in homogenen Gruppen als gemeinsame Mindmap gestaltet, die den Teilnehmern einen Zugang zu der hohen Komplexität ihres Systems ermöglicht. Die Mindmaps der kleinen Gruppen werden zu einer großen, gemeinsamen Mindmap zusammengefasst, die das komplexe Umfeld der Organisation zeigt. Dieser Blick in die Komplexität des Umfeldes der eigenen Organisation kann beunruhigende Wirkung haben. Mitunter sind Teilnehmer regelrecht erschlagen von der Komplexität, die sich zeigt.

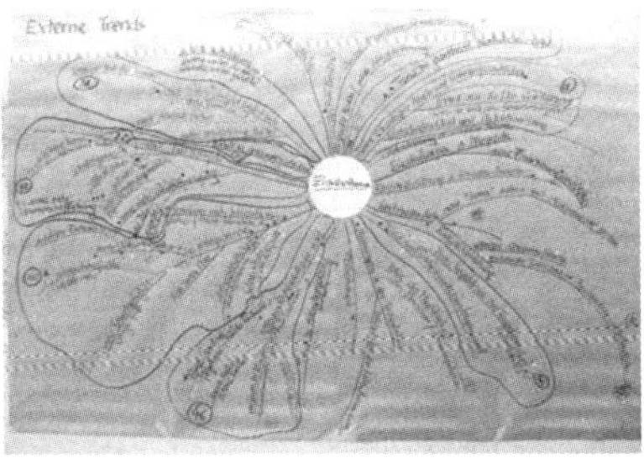

Abb. 9: Mindmap

Der Blick von innen:
Die Übung „Prouds and Sorries" lädt die Teilnehmer zu einer ausgewogenen Bewertung ihrer Gegenwart aus der Innenperspektive ein: Worauf sind wir stolz, und was bedauern wir (an uns selbst, nicht an anderen)? Eine Gruppenarbeit, die anschließend im Plenum präsentiert wird.

c) Zukunft

Auf Grund der erarbeiteten Datenbasis suchen die Teilnehmer nun nach gemeinsamen Visionen für ihre Zukunft als Organisation.

Diese Aufgabe wird in gemischten Gruppen durchgeführt. Die Erarbeitung der Visionen erfolgt von der Moderationsmethode her in zwei Schritten.

Zunächst wird das Plenum durch die „Wunderfrage" in eine ruhige und konzentrierte Trance geleitet, die helfen soll, Bilder einer gewünschten Zukunft zu finden. Jeder Teilnehmer versetzt sich in eine gewünschte Zukunft und malt sich sein eigenes Bild. Diese individuellen Bilder werden in der Gruppe besprochen, und man einigt sich auf ein gemeinsames Bild, das möglichst viele Elemente der individuellen Bilder enthält.

Anschließend werden die Teilnehmer mit reichlich „Spielmaterial" ausgestattet und können ihre inneren Bilder, Fantasien und Wünsche in einem kreativen Prozess ausdrücken. Dabei können Collagen, Sketches oder andere kreative Gestaltungsformen gewählt werden, die geeignet sind, die Vision der Gruppe darzustellen.

Abb. 10: Die Arbeit an einer gemeinsamen Zukunft macht Spaß

In dieser Phase dürfen die Teilnehmer so richtig verrückt sein, vollkommen ungewöhnliche Ideen produzieren und die Realisierung einmal vergessen.

Schließlich werden die Visionen präsentiert – zumeist ist das der emotionale Höhepunkt der Konferenz. Es wird applaudiert, gelacht, geblödelt.

Anschließend werden die kreativen Darstellungen der Visionen in den Gruppen ausgewertet: Welche Themen sind in allen Darstellungen vorgekommen? Gibt es einen roten Faden? Welche Themen inspirieren uns besonders?

Nun wird nach dem gemeinsamen Zukunftsbild der gesamten Gruppe gesucht. Die in den kleinen Gruppen erarbeiteten Themen werden auf Papierstreifen geschrieben. Alle Teilnehmer sitzen im Halbkreis, die Moderation hält jeden Papierstreifen mit dem Thema gut sichtbar hoch und bittet das Plenum um die Entscheidung, ob es dazu Konsens gibt oder nicht. Die allseits befürworteten Themen werden auf einer Pinnwand angebracht und sind das Material für die weitere Arbeit.

Sofern ein Thema nicht die allgemeine Zustimmung findet, kommt es auf eine eigene Tafel der „ungelösten Differenzen". Das ist die Phase des *touching common ground.*

d) Maßnahmen und Aktionen

Den Abschluss der Zukunftskonferenz bildet die Planung der nächsten Schritte. Die Zusammensetzung für diese Aufgabe wird meistens entlang den realen Kooperationslinien der Organisation oder anderen „logischen" Strukturen festgelegt. In Organisationen sind das meistens die funktionalen Gruppen, Abteilungen und Bereiche oder Projekte.

Methodisch bietet die Zukunftskonferenz hier nichts Neues. Der aus dem Projektmanagement bekannte Maßnahmenplan „Was – Wer – Wann" hat sich bewährt.

Die Gruppen erstellen ihren Maßnahmenplan und präsentieren ihn im Plenum. Damit wird ein hohes Maß an Verbindlichkeit und Selbstverpflichtung erreicht.

Tag 1 Nachmittag (5 Stunden)	Tag 2 ganztags		Tag 3 (4 bis 6 Stunden)	
Vergangen-heit gemeinsame Geschichte	*Gegenwart* Außen-sicht Innensicht	*Zukunft* unsere Visionen	*Gemeinsame Themen* touching com-mon ground	*Planung* Maßnahmen und Schritte

Tab. 1: Der Ablauf einer Zukunftskonferenz im Überblick

5.4.4 Infrastruktur und Material

Zukunftskonferenzen sind Low-tech-Veranstaltungen. Den Initiatoren Weisbord und Janoff war es wichtig, dass Zukunftskonferenzen überall in der Welt, insbesondere auch in armen Ländern, durchgeführt werden können.

Für eine Zukunftskonferenz benötigt man:

- einen großen und hellen Raum
- runde Tische für acht Personen und/oder entsprechend viele Stühle
- Flipcharts für jede Gruppe, zwei zusätzliche Flipcharts für die Moderatoren
- mehrere Pinnwände (mit Papierbespannung)
- lange Papierbahnen (und drei freie Wände im Raum)
- Filzstifte für alle Teilnehmer
- Kreativmaterial: alte Zeitschriften, Klebstoff, Krepp- und Buntpapier, bunte Pfeifenputzer, Luftballons, Buntstifte etc.
- Pausenräume, Verpflegung
- Unterlagen für die Teilnehmer
- Namenskärtchen
- eine kleine Mappe mit den einzelnen Gruppenaufgaben (nicht unbedingt erforderlich).

5.4.5 Möglichkeiten und Grenzen der Anwendung

Weisbord und Janoff (2004, p. 4) nennen 3 Arten von Anwendungsfeldern von Zukunftskonferenzen:

- „One, future search processes lead stakeholders to create and act upon a shared vision for their organization or community. [...]
- Two, future search meetings enable all stakeholders to discover shared intentions and take responsibility for their own plans. [...]
- Three, these events can help people implement a shared vision that already exists."

Zukunftskonferenzen sind besonders demokratisch und partizipativ orientierte Konferenzen. Zukunftsentscheidungen werden überwiegend *bottom up* getroffen. Daher eignen sie sich nur für ganz bestimmte Themen und Kontexte, in denen diese Ausrichtung akzeptiert wird. Das können entweder Gemeinden, Nachbarschaften oder „Grassroots-Bewegungen" wie etwa Bürgerinitiativen sein, Organisationen oder andere soziale Systeme, die am Beginn ihrer Geschichte stehen und ihre gemeinsame Zukunft erst erfinden wollen. Zukunftskonferenzen eignen sich gut bei Mergers (Firmenzusammenschlüssen) oder am Beginn anderer neuer „Lebensabschnitte" von Organisationen.

Das entscheidende Kriterium für eine Zukunftskonferenz ist die Frage, ob die vorhandene Hierarchie bereit ist, die Entscheidungen der Teilnehmer zu akzeptieren. Diese Frage muss daher im Voraus geklärt sein. Ist das nicht der Fall, oder erscheint es auch nicht nützlich, dass die Hierarchie im gemeinsamen Ganzen „untertaucht", dann sollte auf eine Zukunftskonferenz verzichtet werden. In diesem Fall eignet sich eine RTSC-Konferenz wahrscheinlich besser.

Zukunftskonferenzen haben die Arbeit mit Großgruppen wesentlich beeinflusst und dabei auch einen wahren Fundus an Moderationsinstrumenten verfügbar gemacht. In meiner Praxis mische ich – je nach Anliegen, Kontext oder Rahmenbedingungen – Elemente aus der Zukunftskonferenz mit Elementen aus anderen Methoden.

Die von Weisbord vorgegebene strenge Struktur des Prozesses ist besonders hilfreich für diejenigen, die in die Arbeit mit Großgruppenmethoden einsteigen. Sie bietet einen sicheren Rahmen und Ablauf, an dem man sich anfangs halten und orientieren kann. Mit mehr Erfahrung können diese Methoden aber sehr vielfältig kombiniert und auch durch eigene Ideen ergänzt werden.

Weiterführende und aktuelle Informationen können Sie unter www.futuresearch.net erhalten.

5.5 Real-Time-Strategic-Change-Konferenzen (RTSC)

„Unleashing the magic"

Robert W. Jacobs (1994) untertitelte sein Buch über *Real time strategic change* so: *How to involve an entire organization in fast and far-reaching change*. Damit ist das Konzept von RTSC-Konferenzen vollkommen beschrieben: Es geht um Beteiligung des ganzen Systems, um Schnelligkeit und um Nachhaltigkeit von Veränderungen in dynamischen, komplexen und oft internationalen Organisationen.

RTSC-Konferenzen dienen dazu, die Energie einer Organisation in eine gemeinsame Richtung zu lenken. Dabei geht es aber keinesfalls um die „Gleichrichtung" unterschiedlicher Ideen, sondern darum, die Gemeinsamkeiten und Unterschiede zu erkennen, zu nutzen und zu einer Fokussierung der Ziele und Bündelung der Energie zu kommen.

> „Large multinational corporations and small local volunteer organizations alike are being forced to rethink basic assumptions governing their strategies, the way they organize themselves, their work process and support systems, workforce composition and competencies, and their culture" (ebd., p. 3).

Das Ziel ist „alignment".

Abb. 11: Zerstreute – gebündelte Energie

RTSC-Konferenzen verstehen sich als Antwort auf den hohen Veränderungsdruck, unter dem Organisationen stehen und der – so die Grundannahme – nur gemeinsam und auf Grund eines radikalen

Paradigmenwechsels bewältigt werden kann. Die alten Grundannahmen müssen radikal in Frage gestellt, die Menschen verstört und irritiert werden, damit sie nach neuen Bildern und Wegen suchen. Erst wenn von allen erkannt wird, dass die alten Wege nicht mehr gangbar sind, entsteht Bereitschaft zur Veränderung. Das sind einige der Grundannahmen von RTSC-Konferenzen. Ihr Ziel ist es daher, gemeinsame Verstörung zu erleben, gemeinsam nach neuen Lösungen zu suchen und sich auf gemeinsame Ziele und Maßnahmen zu verpflichten.

5.5.1 Quellen und Hintergrund

Auf den ersten Blick erscheinen RTSC-Konferenzen den Zukunftskonferenzen sehr ähnlich. Auch hier geht es darum, das ganze System in einen Raum zu bringen. Auch in RTSC-Konferenzen sitzen die Teilnehmer überwiegend in Gruppen zu acht Personen in einem großen Raum. Trotz einiger Ähnlichkeiten gibt es aber viele Unterschiede.

Der größte Unterschied zu Zukunftskonferenzen liegt in der Stellung, die bei RTSC-Konferenzen dem Management zugeschrieben wird: an der Spitze der Konferenz, in Verantwortung und als Vorbild. RTSC-Konferenzen sind Top-down-Konferenzen.

Hinsichtlich der theoretischen Wurzeln lassen sich viele Gemeinsamkeiten erkennen. In ihrem Buch über *Whole scale change* (2000, p. 194) nennen Dannemiller Tyson Associates zehn Quellen ihres Ansatzes:

- Systems Theory: Bartalanffy, Parsons, Weber
- Preferred Future: Lippitt
- New Science: Gleick, Capra, Wheatley
- Strategic Planning: Drucker
- Process Consulting: Schein
- Appreciative Inquiry: Cooperrider, Argyris
- Adult Learning: Knowles, Kolb
- Community Building: Lippitt, Alinsky
- Socio-Technical Systems: Trist, Emery
- Action Learning: Lewin, Deming.

Die Verknüpfung von systemischem Denken, Action Learning, Energiearbeit, Theorie über soziale Felder, Organisationskultur etc. ergibt eine neue Qualität beraterischer Arbeit. RTSC-Konferenzen sind eine Konferenzform, die nicht nur eine gelungene Integration von Theorien ist, sondern darüber hinaus eine wertvolle Verbindung von Theorie und Praxis darstellt.

Die Verdichtung und Verbindung von Theorie und Praxis spiegelt sich in den zahlreichen Modellen und Formeln wider, die die Arbeit der Berater leiten. Die wichtigsten Formeln, die in RTSC-Konferenzen vorgestellt und verwendet werden, sind die folgenden.

- *Das Modell der Veränderungsenergie D × V × F × > R (ebd., S. 16 ff.):* Ähnlich der im vorigen Abschnitt erwähnten „Energieformel“ wird bei RTSC-Konferenzen ein Modell vorgestellt, das beschreibt, was notwendig ist, damit ein Veränderungsprozess in Organisationen oder auch bei Individuen bewirkt wird:
  - *D steht für Dissatisfaction oder Driver:* Damit ist eine gemeinsame Unzufriedenheit mit der aktuellen Situation oder ein anderer Antreiber gemeint, der im System ein Gefühl der Dringlichkeit für Veränderung erzeugt.
  - *V steht für die Vision* einer positiven Zukunft, die mehr bietet als die Abwesenheit des Unbehagens angesichts des gegenwärtigen Zustands. Die Vision ist der Attraktor der Veränderung.
  - *F steht für First Steps,* also für die ersten Schritte in Richtung der Vision, bzw. gibt die Richtung an, in die man sich als Nächstes bewegen kann.
  - *R steht für Resistance,* für Widerstand gegen die Veränderung.

Insgesamt besagt diese Formel, dass Veränderung dann gelingt, wenn die drei Elemente Dissatisfaction oder Driver, Vision und First Steps – symbolisch durch das Multiplikationszeichen verbunden – gemeinsam größer sind als der Widerstand, die Skepsis gegenüber Veränderungen. Diese Formel trägt die gesamte Prozessarchitektur von RTSC-Konferenzen.

- *Das Converge/Diverge Modell* beschreibt den Rhythmus und die Abwechslung von Großgruppen, Kleingruppen und Mikrokosmen, wir haben es in Kapitel 4 bereits vorgestellt.
- *Das MCG-Modell („Membership – Control – Goals")* ist ein auf Ronald Lippitt zurückgehendes Teammodell, das drei Kernthemen der Kooperation und der Auswahl der Teilnehmer zu einer Konferenz beschreibt: Wer gehört dazu? Wer hat Verantwortung und Einfluss? Welches ist die gemeinsame Aufgabe?

Diese Modelle sind nur einige Beispiele dafür, wie durch Dannemiller Tyson Associates Theorie zu Modellen verdichtet wurde, in die Praxis der Berater einfließt und in den konkreten Designs von Konferenzen umgesetzt wird.

5.5.2 Struktur

- Teilnehmerzahl: 25 bis 1000. Die Teilnehmer werden in der Vorbereitung auf Grund ihrer Position, Funktion und speziellen Perspektive ausgewählt und eingeladen. Keine Freiwilligkeit.
- Dauer: ein bis drei Tage.
- Kommunikationssetting: Gruppen zu acht Personen, wechselnde Zusammensetzung; eigener Platz für das Management oder besondere Gäste.

Die Aufgabe von RTSC-Konferenzen ist es, die im Management entwickelten strategischen Ziele oder Themen in die Organisation zu tragen, zur Diskussion zu stellen und gemeinsam die Umsetzung zu planen. Das Management steht daher in verantwortungsvoller Rolle und Position vorne. Im Unterschied zu Zukunftskonferenzen hat das Management in RTSC-Konferenzen einen klaren Platz. Das Management ist sichtbar, hat Verantwortung und muss immer wieder Rede und Antwort stehen.

An RTSC-Konferenzen nehmen mitunter auch externe Gäste teil, die der Organisation wichtige Informationen vermitteln können. Das können Kunden, Lieferanten oder andere wichtige Beobachter sein, die im Rahmen der Konferenz Input geben und für neue Perspektiven sorgen.

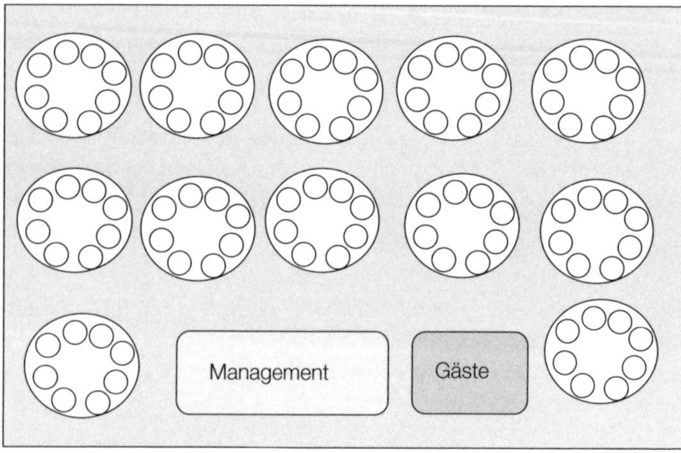

Abb. 12: Grundstruktur der RTSC-Konferenz

Wie auch in der Zukunftskonferenz wechseln die Gruppenzusammensetzungen immer wieder. Auch hier können die Teilnehmer nicht frei wählen, in welcher Gruppe sie sitzen, sondern werden durch die Moderation in ihre Gruppen gewiesen.

Sehr häufig wird die Zusammensetzung der Gruppen für die erste Phase der Konferenz durch einen „Zufallsgenerator" entschieden, indem die Teilnehmer am Beginn beim Betreten des Konferenzraums eine Nummer (oder eine Farbe, eine Spielkarte oder andere Symbole) aus einem Hut, Korb oder Sack ziehen, durch die die Gruppen gekennzeichnet sind. Damit entstehen zufällige Zusammensetzungen.

In der Folge wechseln sogenannte MaxMix-Gruppen (mit Teilnehmern aus möglichst unterschiedlichen Ebenen oder Bereichen der Organisation) mit homogenen Gruppen (gleiche Führungsebene, gleiche Funktion, gleiche Aufgaben etc.) mit „Funktionsgruppen" (alle Mitglieder einer Abteilung, eines Bereichs etc.) ab. Es ist eine wichtige Aufgabe der Planung, diese Zusammensetzungen für jeden Arbeitsschritt der Konferenz zu definieren, neue und nützliche Systemgrenzen zu finden und damit neue Kommunikationslinien zu schaffen.

Wie auch in der Zukunftskonferenz steuern sich die Gruppen selbst, indem sie zu Beginn jeder Arbeitsaufgabe einen Moderator, Zeitnehmer, Schreiber und Sprecher bestimmen.

5.5.2.1 Begleitende Strukturen

Eine RTSC-Konferenz ist ein komplexes Projekt, das für die Planung und Vorbereitung eigene Strukturen braucht. Die Vorbereitung einer solchen Konferenz findet oft in unterschiedlichen Teams statt, die im Folgenden genannt werden.

a) Managementteam

Das Managementteam ist meistens in mehrfachen Rollen gefordert: In der Rolle des Auftraggebers werden hier Ziele, Ressourcen, Vorgehensweisen vereinbart. Es kann auch als Experimentierfeld dienen, in dem neue Spielregeln oder Themen erprobt werden, bevor sie in der Konferenz vorgestellt werden. Die Führung muss zuallererst „aligned“ sein. Im Rahmen dieses Prozesses lernt das Management als erste Gruppe in der Organisation, wie der Wandel geschehen kann und welche Rolle es selbst dabei spielt. Das Management ist manchmal zugleich auch das Steuerungsteam des Prozesses und damit das Gegenüber der Berater.

b) Planungsteam

RTSC-Konferenzen werden im Allgemeinen von einem Planungsteam – dem „Event Planning Team“ – vorbereitet. Das Planungsteam besteht im Allgemeinen aus sechs bis zu etwa 30 Mitgliedern, die durch ihre Zusammensetzung quer durch die Organisation einen Mikrokosmos darstellen. Im Planungsteam wird das konkrete Design der Veranstaltung geplant, erprobt, diskutiert.

c) Forschergruppen

In manchen Kontexten kann es sich als nützlich erweisen, wenn sich eine oder mehrere Gruppen finden, die im Vorfeld der Konferenz zu einem bestimmten Thema Informationen sammeln. Das können Informationen über Kunden, die Branche, bestimmte Aspekte des Konferenzthemas sein. Die Forschergruppen sind ein Beispiel für Action Learning. Die Untersuchung der Organisation oder die Bereitstellung wichtiger Informationen wird nicht an externe Experten delegiert, sondern an die eigenen Mitarbeiter, die in die Rolle der Sozialforscher wechseln und in dieser Aufgabe in der Regel sehr viel an Kompetenz gewinnen.

Die Ergebnisse der Forschergruppen werden in der Konferenz als Experteninput präsentiert.

d) Resonanzgruppen oder Mikrokosmen

Das sind Gruppen von bis zu 50 Personen, die ähnlich wie das Planungsteam mit Personen aus möglichst unterschiedlichen Funktionen, Ebenen oder Haltungen zusammengesetzt sind. Sie haben die Aufgabe, das Planungsteam bei seinen Entscheidungen zu unterstützen. So werden mit Resonanzgruppen etwa besonders heikle Stellen des Designs durchgespielt mit dem Ziel, zu klären, wie die Organisation auf diese Intervention reagiere könnte. Die Resonanzgruppe fungiert wie ein klingender Resonanzboden der Organisation und kann so – pars pro toto – Feedback über die „Gestimmtheit" der gesamten Organisation zu einzelnen Fragen geben.

> „Using microcosms – real subsets of the larger group that represents all the ‚voices' of the organization – in the overall change process is one of the features of the whole scale approach that allows you – and the organization – to think and see ‚whole system'. The microcosm contains the essential ‚DNA' of the whole organization" (Dannemiller Tyson Associates 2000, p. 7).

e) Logistikteam

Dieses Team ist der hilfreiche Geist im Hintergrund der Konferenz. Die Mitglieder sind nicht Teilnehmer der Konferenz, sondern können z. B. freiwillige „Beraterneulinge" oder interessierte interne Assistenten sein. Ihre Aufgabe ist es, Material und Infrastruktur zu warten und den Teilnehmern und Moderatoren den Rücken von vielen kleinen Problemen frei zu halten. Sie achten darauf, dass die Gruppen immer ausreichend Papier und Stifte haben, dass alle Unterlagen vorhanden sind, dass das technische Equipment funktioniert, sie sind Schnittstelle zum Veranstaltungsraum (Hotel) und sind zuständig für alles, was sonst noch an „Hausarbeiten" bei einer Konferenz anfällt.

5.5.3 Ablauf

RTSC-Konferenzen haben keine festgelegte Dramaturgie wie Zukunftskonferenzen, sondern die beschriebenen Modelle, Theorien und Formeln werden für die Gestaltung der Konferenzarchitektur herangezogen und steuern den Ablauf.

RTSC-Konferenzen können je nach Thema und Ziel sehr unterschiedlich sein. Dennoch folgt die Prozessarchitektur im Wesentlichen den Prinzipien der „$D \times V \times F > R$“-Formel.

Aufrütteln	Vision und Ziele	Erste Schritte
Informationen geben, gemeinsame Problemsicht herstellen, ein Gefühl der Dringlichkeit schaffen	Ziele der strategischen Entscheidungen vorstellen, zur Diskussion stellen, gemeinsames Zukunftsbild schaffen	auf Ziele verpflichten, Nahziele und Meilensteine definieren, Maßnahmen planen, Verantwortung klären

Abb. 13: Drei Schritte in der RTSC-Konferenz einfügen

5.5.3.1 Aufrütteln

Lebende Systeme wie Menschen und Organisationen lieben Veränderungen wenig. Veränderungen bedeuten einen hohen Energieaufwand und dazu ein hohes Maß an Unsicherheit, denn niemand kann die Zukunft voraussehen. Daher braucht der Veränderungsprozess am Beginn einen kräftigen Impuls, der die Menschen und die Organisation in Bewegung bringt. Organisationen und Menschen müssen in Unruhe versetzt werden.

Wie kommen nun Unruhe und das Gefühl der Dringlichkeit der Veränderung in die Organisation? Zumeist arrangiert sich ja jeder mit den Gegebenheiten.

In RTSC-Konferenzen kann dieser notwendige Energiestoß unterschiedlich verabreicht werden. Hier einige Beispiele:

- Input des *Managements*, etwa Zahlen, Daten, Fakten, die bisher nicht bekannt waren und die Situation in ihrer kritischen Perspektive, mit beunruhigenden Konsequenzen zeigen. Botschaft: „Wenn wir so weitermachen …“

- Inputs von *Kunden* bringen Außenperspektive und vielfach neue Informationen und Impulse in die Organisation. Botschaft: „Wir schätzen euch, aber ihr müsst euch mehr bemühen. Ihr habt Mitbewerber ..."
- Input von *externen Experten* könnte einen Vergleich über Branchen-Benchmarks, State of the Art bei Produkten oder Leistungen, neue Technologien, Veränderungen in den Märkten, neue Studien etc. beinhalten. Botschaft: „Die Welt ändert sich, ihr müsst euch auch bewegen ..."
- Input einer firmeninternen *„Forschergruppe"*, die aus Mitarbeitern unterschiedlicher Bereiche und Ebenen besteht und im Vorfeld der Konferenz Informationen einholt, etwa über Kauferfahrungen beim Mitbewerber oder Beobachtungen im eigenen Unternehmen.
- Zuspielen eines Videos mit Interviews von *Menschen auf der Straße*, die sich über die Organisation äußern.

Diese Inputs sollen bewusst beunruhigen und verstören. Sie werden vom Plenum diskutiert und verarbeitet.

5.5.3.2 Strategische Ziele und Visionen

Die aufrüttelnden Impulse sollen die Teilnehmer zwar irritieren und in Unruhe versetzen, sie aber nicht demotivieren und deprimieren. Daher werden im nächsten Schritt den unangenehmen Botschaften positive und attraktive Ziele, Strategien und Perspektiven gegenübergestellt. Dadurch entsteht ein energetischer Spannungsbogen, der den Veränderungsprozess in der Folge tragen soll.

Im Vorfeld einer RTSC-Konferenz wird dafür mit dem Management eine Entscheidung über Entscheidungen erarbeitet: Welche Fragen der formulierten Ziele und Strategien sind „Chefsache" und werden daher nicht Gegenstand der Diskussion, sondern nur Information sein; welche Themen stehen zur Diskussion, sind noch nicht entschieden und werden auf der Konferenz vereinbart? In der Vorbereitung sollte das Management keine fixfertige strategische Ausrichtung erarbeiten, sondern bewusst Raum für die Bearbeitung durch die Teilnehmer lassen. Die Ergebnisse dieser Metaentscheidung müssen in der Konferenz vorgestellt werden, damit die Teilnehmer ihre Rollen kennen: Wo sind wir eingeladen, unsere Beiträge zu leisten, und wo sind wir eingeladen, nur zuzuhören?

Dem Prozess des Aufrüttelns folgt nun der Schritt der Präsentation und Diskussion der Strategien, die das Management vorbereitet hat. Im Allgemeinen werden nach der Vorstellung der strategischen Überlegungen des Managements drei große Themen bearbeitet:

- Erste Reaktionen der Teilnehmer: Was ist uns klar, was unklar? Welche Gedanken, Gefühle oder Fragen lösen sie aus? Dieses Thema wird in den Gruppen diskutiert und präsentiert.
- Unsere Vision: Wie würde unsere Organisation aussehen, wenn wir diese Strategie erfolgreich umgesetzt hätten? Die Arbeit an den Visionen erfolgt häufig sehr ähnlich wie in der Zukunftskonferenz. Hier können Sketches oder Bilder produziert werden.
- Unsere Ressourcen: Worauf können wir uns bei der Realisierung der Strategie und unserer Vision stützen? Wo liegen unsere Stärken? Wo sind wir schon gut unterwegs? Manchmal können bei diesem Arbeitsschritt Elemente von Appreciative Inquiry, etwa ein Paarinterview, verwendet werden.

5.5.3.3 Erste Schritte und Maßnahmen

In der letzten Phase der RTSC-Konferenz wird üblicherweise in Funktionsgruppen, also den realen Arbeitseinheiten, gearbeitet. Die Abteilungen, Bereiche oder Teams vereinbaren ihre jeweiligen Ziele und Maßnahmen.

Darüber hinaus können Querschnittsthemen an neue Projektgruppen delegiert werden, die ebenfalls ihre Ziele und Maßnahmen definieren.

Das öffentliche Committment zu diesen Aktivitäten bringt im Allgemeinen hohe Verbindlichkeit für alle hervor, die notwendig ist, sollen nachhaltige Maßnahmen bewirkt werden.

Eine dreitägige RTSC-Konferenz könnte beispielsweise die Prozessarchitektur aufweisen, wie sie in Tabelle 2 dargestellt ist (vgl. Jakobs 1994, p. 58 ff.):

Tag 1	
Vormittag	Nachmittag
gemeinsames Ankommen – Begrüßung, Einführung, Ziele der Konferenz, Spielregeln – Input des Managements: unsere Situation – Reaktionen der Teilnehmer	Input von Kunden, Experten – Reaktion der Teilnehmer
Tag 2	
Vormittag	Nachmittag
Präsentation der Strategie, Ziele oder anderer Themen durch das Management – Diskussion in den Gruppen: Reaktionen und Fragen – Reaktion des Managements	unsere Vision: kreative Zukunftsbilder – gemeinsame Themen finden – Ressourcen, auf die wir uns stützen können – Rahmen: Budget ...
Tag 3	
Vormittag	Nachmittag
Umsetzung planen: Ziele, Meilensteine, Verantwortliche definieren	weitere Schritte der Organisation – Abschluss

Tab. 2: Möglicher Ablauf einer RTSC-Konferenz

Methodisch sind bei den einzelnen Schritten der Konferenz keine Grenzen gesetzt. Diese Freiheit in der Gestaltung bedeutet zugleich aber einen hohen Anspruch an die Fantasie und Kreativität der Berater. Die einzelnen Elemente der Prozessarchitektur sollen sowohl auf die Ziele und Inhalte der Konferenz als auch auf die jeweilige Kultur und Situation der Organisation zugeschnitten sein. Wie bei allen Interventionen gilt es, einen Weg zwischen Anschlussfähigkeit und Verstörung zu finden, der Bewegung und Veränderung auslöst.

5.5.3.4 Beispiele für einzelne Arbeitsschritte und Arbeitsaufträge an die Gruppen

a) Gemeinsames Ankommen

Wählen Sie einen Moderator, einen Zeitnehmer, einen Schreiber und einen Sprecher.
Nehmen Sie sich jeder 3 Minuten Zeit, und erinnern Sie sich: Welches waren Situationen, in denen Sie sich in Ihrem Unternehmen besonders wohlgefühlt haben und besonders stolz waren, hier zu arbeiten? Wählen Sie jene Situation aus, die für Sie heute noch besonders wertvoll ist und die Sie in Erinnerung behalten möchten. Erzählen Sie Ihre besondere Geschichte Ihren Kollegen und Kolleginnen! Entscheiden Sie, welche dieser Geschichten Sie im Plenum erzählen werden. Zeit: 30 Minuten Sprecher: 1 Minute Präsentation

Oder:

Wählen Sie einen Moderator, einen Zeitnehmer, einen Schreiber (Zeichner) und einen Sprecher.
Nehmen Sie sich 3 Minuten Zeit für sich und überlegen Sie: Wenn ich für unser Unternehmen ein Bild wählen sollte, dann wäre es wie ...? Tauschen Sie Ihre persönlichen Bilder mit Ihren Kollegen und Kolleginnen aus und bestimmen Sie die Gemeinsamkeiten aller Bilder. Schaffen Sie aus diesen Gemeinsamkeiten ein neues, gemeinsames Bild Ihres Unternehmens. Zeichnen Sie das gemeinsame Bild auf Ihr Flipchart. Zeit: 30 Minuten Sprecher: 1 Minute Präsentation

b) Input von Kunden oder externen Experten

Um diesen Informationsteil interessanter zu gestalten, können die Gäste – anstatt einen langen Vortrag zu halten – von den Moderatoren interviewt werden. Die Interviewform ist lebendiger, weil Fragen aktivieren und die Aufmerksamkeit erhöhen. Dabei empfiehlt es sich, die Interviews mit den jeweiligen Experten oder Kunden vorzubereiten und die Fragen mit ihnen zu besprechen.

Die anschließende Diskussion im Plenum:

Wählen Sie einen Moderator, Zeitnehmer, Schreiber und Sprecher.
Diskutieren und entscheiden Sie in Ihrer Gruppe: Was haben diese Informationen bei uns ausgelöst (Freude, Trauer, Angst, Wut, Interesse) – und warum? Welche Fragen sind bei der Präsentation für uns entstanden, worauf wollen wir Antworten bekommen? Sammeln Sie die Fragen und Anmerkungen am Flipchart, und wählen Sie die für Sie jeweils wichtigsten aus. Präsentieren Sie Ihre wichtigste Frage oder Anmerkung. Zeit: 20 Minuten Sprecher: 1 Minute Präsentation

c) Vision schaffen

Die Erarbeitung einer gemeinsamen Vision geschieht in RTSC-Konferenzen sehr ähnlich wie in Zukunftskonferenzen, eingeleitet durch die Wunderfrage.

Schließen Sie jetzt bitte für einen kurzen Moment die Augen, und stellen Sie sich vor, es ist das Jahr 2020. Alle Ihre Träume von Ihrem Unternehmen sind Wirklichkeit geworden, alle Strategien sind umgesetzt, und alle Ziele sind längst erreicht. Sie haben gemeinsam alle Hürden der Vergangenheit erfolgreich genommen und sind jetzt zufrieden und begeistert: Wie genau sieht es in Ihrem Unternehmen dann aus? Was ist anders als heute? Woran bemerken Sie das, wie bemerken es andere (Kunden, andere Stakeholder)?
Wählen Sie einen Moderator und einen Zeitnehmer. Tauschen Sie Ihre persönlichen Zukunftsbilder aus. Sammeln Sie die Themen, die in allen Visionen vorkommen. Bereiten Sie eine kreative Darstellung Ihrer gemeinsamen Vision Ihres Unternehmens 2020 vor. Sie können ein Bild, eine Collage, einen kleinen Sketch oder eine andere Form der Darstellung wählen und das dafür bereitgestellte Material verwenden. Zeit: 60 Minuten Präsentation: 5 Minuten

d) Maßnahmenplanung

Für diesen Arbeitsschritt können die üblichen Wer-Was-Wann-Tabellen verwendet werden oder auch eine abgewandelte Form, etwa eine Mindmap.

Wählen Sie einen Moderator, Zeitnehmer, Schreiber und Sprecher.

Planung der nächsten Schritte und Maßnahmen

Sammeln Sie die wichtigsten Themen und Schritte auf dem Flipchart.

Zeichnen Sie eine Mindmap:

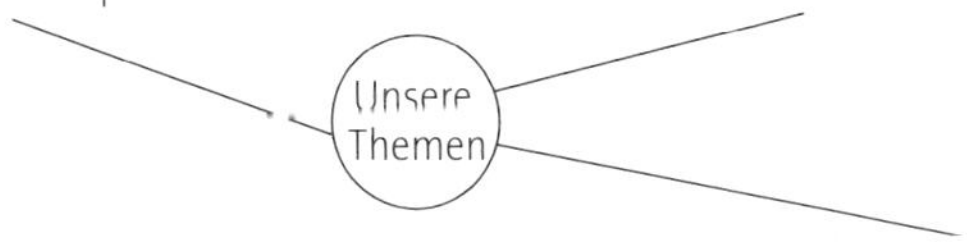

Tragen Sie die wichtigsten Themen darauf ein: pro Thema ein Zweig.

Notieren Sie bei jedem Zweig:
- Was ist dabei zu tun?
- Wer ist dafür verantwortlich?
- Bis wann soll was erledigt werden?

Erstellen Sie danach einen Maßnahmenplan für die wichtigsten Themen: Was – Wer – Wann

Zeit: 30 Minuten

Sprecher: 3 Minuten Präsentation

e) Abschluss

Der Abschluss einer RTSC-Konferenz kann sehr unterschiedlich gestaltet werden: Die Gruppen können eingeladen werden, Feedback zu geben, oder die Moderation kann ein abschließendes Interview mit dem Management durchführen, das (gut abgestimmt) die Wertschätzung der Führung ausdrückt, aber auch noch einmal Energie mobilisiert: „Wir haben uns viel vorgenommen, aber wir haben hier erlebt, wie viel Kompetenz und Energie dafür da ist."

Bei einer RTSC-Konferenz ist auch eine Abschlusszeremonie, wie sie bei Open Space verwendet wird, denkbar: der Talking Stick. Dabei sitzen oder stehen alle Teilnehmer nun in einem großen Kreis, ein Sprechsymbol – der „Talking Stick" – wird von einer Person zur anderen gereicht; wer das Symbol hat, kann etwas zur Konferenz sagen oder das Symbol weiterreichen.

RTSC-Konferenzen sind weder inhaltlich noch methodisch festgelegt. Die Varianten sind unbegrenzt und vom Erfindungsgeist der Planung getragen. Insgesamt gilt aber, dass die Konferenz nicht nur ein Rahmen für inhaltliche Auseinandersetzung und Austausch von Informationen ist, sondern auch eine Situation der gemeinsamen Freude, der Kreativität und der guten Energie sein soll.

5.5.4 Infrastruktur, Personal und Material

RTSC-Konferenzen sind Hightech-Veranstaltungen und wahre Materialschlachten.

Folgende Einrichtungen sind zu empfehlen:

Räumlichkeiten: Sie müssen ausreichend groß (ca. 4 m^2 pro Person), hell und tendenziell eher quadratisch sein. Natürliches Licht, eventuell sogar Zugang ins Freie sind sehr günstig. Der Veranstaltungsort sollte darüber hinaus über eine gute technische Infrastruktur und qualifiziertes technisches Personal verfügen. An technischer Ausrüstung benötigt man:

Beamer: Im Unterschied zu einer Zukunftskonferenz können in einer RTSC-Konferenz mit mehr als 100 Teilnehmern Informationen nicht mehr ohne technische Unterstützung gegeben werden. Neben den zahlreichen Inputs, die visuell unterstützt werden, bedarf jede Arbeitsanweisung an die Gruppen der visuellen Unterstützung. Das bedeutet, dass alle Arbeitsanweisungen als Power-Point-Vorlagen vorbereitet und gezeigt werden müssen.

Mikroanlage: Bei einer Teilnehmerzahl von mehr als 100 Personen benötigt man mehrere Mikrofone und ein Mischpult. Es empfiehlt sich, dass die Moderatoren mit permanenten Headsets ausgestattet sind. Darüber hinaus benötigt man etwa zwei bis drei Handmikrofone, um die Beiträge der Teilnehmer (Sprecher) abzuholen oder für Interviews von Managern, Kunden oder Experten.

Die technische Infrastruktur muss vor jeder Konferenz genau überprüft werden. Es bedarf einer Generalprobe mit allen Helfern. Technische Pannen während der Konferenz sind extrem störend. Während der Konferenz sollte auch gutgeschultes Personal zur Verfügung stehen, das die Technik bedient und der Moderation den Rücken frei hält.

Neben der technischen Infrastruktur brauchen RTSC-Konferenzen ähnliche Einrichtungen wie eine Zukunftskonferenz.

Pinnwände und Flipcharts: Sie benötigen ein Flipchart und eine Pinnwand pro Gruppe plus zwei von jedem für die Moderation. Alle Pinnwände müssen mit passendem Pinnwandpapier ausgestattet sein (keine zusammengeklebten Flipchartpapiere oder ähnliche „Lösungen").

Gute Stühle: Besonders wenn die Teilnehmer in Stuhlkreisen arbeiten, ist auf die Qualität der Stühle zu achten. Sie sollen ergonomisch gute Qualität haben und die Teilnehmer nicht ermüden. Wenn die Gruppen an Tischen arbeiten, ist die Qualität der Stühle nicht ganz so entscheidend.

Abgesehen von der Infrastruktur braucht es in RTSC-Konferenzen je nach Inhalten einiges an Material. Im Allgemeinen benötigt man:

Moderationsmaterial: Da die Grundform der Konferenz der Workshop ist, benötigen die Teilnehmer Flipchartblöcke, Filzstifte, Pinnkärtchen, Klebebänder, Pinns, Klebepunkte und dergleichen. Das Material sollte den Gruppen vor Beginn der Konferenz zur Verfügung stehen und muss durch das Logistikteam permanent nachgeliefert werden.

Teilnehmer-Handouts: Alle Arbeitsunterlagen (von der Agenda und dem Zeitplan bis zu den Arbeitsanweisungen an die Gruppen) sollten in einem kleinen Heftchen für jeden einzelnen Teilnehmer aufliegen und zu Beginn verteilt werden.

Namenskärtchen für jeden Teilnehmer.

Kreativmaterial: Sofern eine Visionsarbeit oder eine andere Sequenz mit kreativen Methoden geplant ist, soll dafür ähnliches Material wie in der Zukunftskonferenz vorbereitet sein: alte Zeitschriften, Klebstoff, Krepp- und Buntpapier, bunte Pfeifenputzer, Luftballons, Buntstifte etc. Der Fantasie sind hier keine Grenzen gesetzt!

5.5.5 Möglichkeiten und Grenzen des Einsatzes

RTSC-Konferenzen sind jene Konferenzform, die am besten zu Unternehmen passt und dort daher auch am häufigsten angewendet werden. Ihr klarer Top-down-Ansatz macht sie beim Management anschlussfähig. Zugleich tragen RTSC-Konferenzen den partizipativen – aber nicht basisdemokratischen – Zugang aller Konferenzen in sich und können daher auch die Mitarbeiter optimal erreichen und anregen.

Die beinahe unbegrenzte Größe der „Gruppe“ macht es möglich, dass in vielen Fällen tatsächlich eine Organisation mit allen Mitarbeitern in einem Raum sitzen kann. In den häufigsten Fällen beschränkt man sich aber doch auf bestimmte Stakeholder, die die DNA der Gesamtorganisation repräsentieren.

5.5.5.1 Möglichkeiten

Die Anwendungsfelder für RTSC-Konferenzen sind ebenso vielfältig und beinahe unbegrenzt. Hier einige Beispiele.

a) Meetings

Der einfachste Fall der Anwendung von RTSC-Konferenzen sind kontinuierliche Meetings, die im Rahmen der Regelkommunikation in großen und häufig auch internationalen Unternehmen stattfinden. Diese Meetings sind zumeist von allen (zu Recht) gefürchtet. Langweilige Präsentationen von *facts and figures*, kaum Diskussion, keine gemeinsame Arbeit an Zielen und Lösungen – das ist die Regel und bedeutet in dieser Form Vernichtung von Zeit, Geld, Engagement und Kreativität.

RTSC-Konferenzen können auf Grund ihrer inhaltlichen und methodischen Offenheit solche Standardsituationen zu einem jährlichen positiven Erlebnis für die gesamte Organisation werden lassen.

b) Strategieentwicklung

Ein Management kann sich dafür entscheiden, nur einen Teil der strategischen Ausrichtung alleine zu definieren und einen anderen Teil gemeinsam mit bestimmten Stakeholdern zu erarbeiten. Die konkrete Ausformulierung und Umsetzung kann in einer RTSC-Konferenz geplant werden.

c) Strategieumsetzung

Ein bereits erarbeitetes Strategiekonzept kann in einer RTSC-Konferenz vorgestellt werden mit dem Ziel, die Mitarbeiter zu informieren und für die Umsetzung zu gewinnen. Dabei sollte die Strategie als noch nicht endgültiger Entwurf vorliegen, die Mitarbeiter sollten noch Veränderungen vornehmen können. Das Management muss allerdings darauf vorbereitet sein, dass die – oft hart genug erarbeiteten Begriffe und Themen – in der Konferenz noch einmal „zerzaust" werden.

d) Leitbildentwicklung

RTSC-Konferenzen eignen sich sehr gut dafür, eine Vision oder ein Leitbild zu erarbeiten. Solche Leitbilder können Unternehmensleitbilder, Kulturleitbilder, Führungsleitbilder oder auch Leitbilder zu spezifischen Themen sein. Ich habe beispielsweise für die Österreichische Bundesbahn ein „Sicherheitsleitbild" entwickelt, das in einer Reihe von 20 RTSC-Konferenzen mit allen 2000 Führungskräften eines Geschäftsbereichs erarbeitet wurde und das als Orientierung für die Betriebs- und Arbeitssicherheit dient.

Leitbilder haben einen schlechten Ruf. Es wird ihnen zu Recht nachgesagt, dass sie in der Regel in den Schubladen verschwinden und man sich das teure Papier, auf dem die zumeist inhaltsleeren Floskeln gedruckt sind, sparen könnte.

Bei Leitbildern kommt es tatsächlich wenig auf den Inhalt und die Form an, sondern vielmehr auf die Art und Weise, wie sie entstanden sind. Erst wenn alle relevanten Mitspieler gemeinsam um jeden Gedanken, jedes Wort und jeden Beistrich gerungen haben, erst wenn die Leitsätze durch alle Hirne und Herzen gegangen sind und alle zugestimmt haben, dann bekommt das Leitbild Kraft. Dafür sind RTSC-Konferenzen das ideale Instrument.

e) Kulturwandel

Kultur wird nur irrtümlich als einer der „weichen" Faktoren bei Veränderungsprozessen genannt. Kultur ist mit Sicherheit die härtest aller Nüsse, die es im Change Management zu knacken gilt.

Der Wandel von Werten, Mustern, Grundannahmen in den Köpfen und dann vor allem im Verhalten der Menschen ist ein schwieriges Unterfangen. Besonders in diesen Fragen kann mit Weihnachtsansprachen oder flammenden Appellen nichts bewirkt werden. Von Kulturveränderungen müssen alle Beteiligten wirklich bewegt und „ergriffen“ werden. Die in RTSC-Konferenzen vorgesehene Ver-Störung, die Möglichkeit, die Menschen und ihr Verhalten an ihre Grenzen zu bringen, schafft für diese Ziele einen optimalen Rahmen.

f) Integration und Fusion

Wenn es darum geht, Abteilungen zu integrieren oder im Rahmen von Post-Merger-Prozessen das Zusammenwachsen unterschiedlicher Organisationen zu unterstützen, sind RTSC-Konferenzen ein idealer Rahmen und eine ideale Methode. Beide Teile des künftigen Ganzen können zunächst getrennt arbeiten, sich von ihrer Vergangenheit verabschieden, es kann „Trauerarbeit“ geschehen, und schließlich kann man gemeinsame Bilder von dem neuen System erarbeiten und die ersten gemeinsamen Schritte vereinbaren.

g) Umstrukturierungen

Wenn Organisationen ihre Strukturen verändern, dann bewegt das die Menschen meistens auf sehr vielfältige Weise. Neben den zahlreichen inhaltlichen und strukturellen Unklarheiten, die zwangsläufig entstehen, schwingen Ängste, Ärger, Unsicherheit, Hoffnungen und andere Gefühle stark mit. Umstrukturierungen lösen, wie auch andere Veränderungen, große Gefühlsbewegungen aus, die den Prozess behindern können, wenn sie nicht bearbeitet werden. In RTSC-Konferenzen können Gefühle bearbeitet werden. Es kann ein Element der Moderation sein, die Gefühle anzusprechen, ihnen Raum und Würde zu geben.

Zugleich kann die neue Struktur spielerisch erprobt, kennengelernt und zur Diskussion gestellt werden. Neue Logistikwege können als lange Linien durch den Raum dargestellt und symbolisch erlebt werden, neue Schnittstellen können „durchgespielt“ werden.

h) Interkulturelle Kooperation

Im Rahmen internationaler Unternehmensentwicklungen erscheinen die interkulturellen Themen oft als mögliche Hürde. Bei RTSC-Konferenzen können alle gemeinsam erkennen, wie man einander wahrnimmt, welche Bedeutung die Unterschiede haben und wo die Gemeinsamkeiten liegen. Interkulturelle Themen können durchgespielt werden, man kann etwa „Gebrauchsanleitungen für sich selbst“ entwickeln und darstellen.

5.5.5.2 Grenzen der Anwendung

Die beinahe unbegrenzten Möglichkeiten des Einsatzes von RTSC-Konferenzen sollen nicht den Blick darauf verstellen, dass diese Konferenzen kein Allheilmittel für alle Fragen der Veränderung von Organisationen sind.

Hier einige Grenzziehungen.

a) RTSC-Konferenzen sind kein Ersatz für Managementverantwortung

Trotz des ausgeprägt partizipativen und dialogischen Grundgedankens von RTSC-Konferenzen und der Idee, Strategien gemeinsam zu entwickeln und umzusetzen, bleibt das Management in seiner Verantwortung und kann sie nicht redelegieren. Am Anfang und am Ende der Konferenz bleibt diese Verantwortung bestehen. Das Management kann nicht „abtauchen“.

b) RTSC-Konferenzen sind keine Krisenintervention

Wenn ein Unternehmen plant, die Zahl der Mitarbeiter abzubauen oder andere Maßnahmen mit vielen Verlierern vorzunehmen, dann sind Konferenzen nicht nur ein ungeeignetes Mittel, sondern sogar kontraproduktiv. Wo keine gemeinsame Zukunft in Sicht ist, muss die Bearbeitung von Enttäuschung, Wut und Trauer der direkten Führung übergeben werden. Es ist Führungsaufgabe, hier Antworten zu finden.

c) RTSC-Konferenzen sind keine basisdemokratischen Veranstaltungen

Das Besondere an RTSC-Konferenzen ist der Dialog. Sie sind weder nur *top down* noch nur *bottom up*, sondern beides zugleich. Daher dürfen vor und während der Veranstaltung keine Erwartungen geweckt werden, dass nun endlich die Mitarbeiter alleine entscheiden. Das gibt Enttäuschung und Ärger.

d) RTSC-Konferenzen sind kein Kontrollinstrument der Führung

In RTSC-Konferenzen werden eher große und allgemeine Themen der Organisation bearbeitet. Wenn Ziele in die Tiefe der Organisation hineinführen, dann sollen sie auch in den operativen Bereichen vereinbart und erreicht werden. In einer Großveranstaltung können nicht alle Details bis in die unterste Ebene geklärt und auch nicht kontrolliert werden.

RTSC-Konferenzen wurden hier ausführlich besprochen, weil sie die am häufigsten verwendete Konferenzform in Organisationen darstellen. Im Rahmen einer RTSC-Konferenz können Elemente aus allen anderen Formaten von Großkonferenzen eingesetzt werden: aus der Zukunftskonferenz, dem AI-Summit, dem Open Space oder dem World Café. Damit bilden RTSC-Konferenzen einen Rahmen für viele unterschiedliche Methoden.

Weiterführende Informationen bieten diese beiden Adressen: www.dannemillertyson.com, www.pdassociates.com.

5.6 Appreciative Inquiry Summit

„What gives life to the organization?“

Die „Erfinder“ von Appreciative Inquiry – vor allem David Cooperrider und Diana Whitney – nennen ihren Ansatz „A positive revolution in change“ (Cooperrider et al. 2000). Und tatsächlich bricht AI mit einer Reihe von Voramnahmen und Regeln der Beratung und des Change Managements.

Mit AI wird der Idee des Problemlösens eine klare Absage erteilt. AI will nicht Probleme lösen, sondern Entwicklungen einleiten. AI will Energien in Organisationen freisetzen, um das Beste in ihnen zum Vorschein zu bringen und aus ihnen zu machen. Probleme zu lösen führe maximal dazu, dass ein System einen definierten Soll-Zustand erreicht und wieder „funktioniert“. Organisationen können als lebende Systeme aber mehr aus sich machen, sie können sich entwickeln und neue Qualität erreichen.

Appreciative Inquiry ist ein radikal ressourcenfokussierter Zugang zu Change Management. AI ist zugleich Philosophie, Instrumentarium und Prozedere für Berater und Manager. Diese Doppelrolle wird durch den – sperrigen – Namen bezeichnet:

Appreciation drückt die Philosophie und Haltung dieses Ansatzes aus. Bei AI geht es um die Wahrnehmung, Wert-Schätzung und Würdigung der vorhandenen Ressourcen, Potentiale und Werte des lebenden Systems. AI fokussiert auf das, was Organisationen lebendig und gesund macht und ihnen Lebenskraft gibt.

Inquiry ist der Hinweis auf die Methode. Kernelemente sind das Interview, die Befragung, aber auch die forschende und neugierige Haltung. Die Neugier richtet sich vor allem auf die besten Erfahrungen und Geschichten, die Organisationen über sich erzählen können. Inquiry deutet auf das Instrument des „Storytelling" hin.

5.6.1 Quellen und Hintergrund

Cooperrider und Whitney haben ihren theoretischen Hintergrund in acht Prinzipien formuliert (vgl. Whitney a. Trosten-Bloom 2003, p. 53 ff.):

• *Das konstruktivistische Prinzip:* „Words create worlds"
Bedeutung entsteht durch Konversation, Wirklichkeit wird durch Kommunikation geschaffen, Wissen entsteht durch soziale Interaktion. Organisationen sind lebende Systeme, die sich laufend selbst erfinden. Sie entwickeln sich in die Richtung, gemäß der sie sich selbst erforschen.

• *Das Prinzip der Simultaneität:* „Inquiriy creates change"
Befragung ist Intervention. In dem Moment, in dem wir beginnen zu fragen, beginnt die Veränderung. Es gibt keine Trennung von Analyse – Diagnose – Maßnahmen.

• *Das poetische Prinzip:* „We can choose what we study"
Organisationen sind wie offene Bücher, Geschichten sind der innere Dialog der Organisation. Geschichten über Defizite, Misserfolge und Probleme können Kraft nehmen oder als Geschichten über Erfolge, Lebendigkeit und Kreativität zu Quellen der Energie, des Ler-

nens und der Veränderung werden. Welche Geschichte wir wählen, macht einen Unterschied für die Beschreibung und Erschaffung unserer Welt.

- *Das Prinzip der Antizipation der Zukunft:* „Image inspires action“

Soziale Systeme bewegen sich in die Richtung ihrer Zukunftsbilder. Eine kraftvolle positive Vision gibt Energie in der Gegenwart und Orientierung für Entscheidungen über die Zukunft und das entsprechende Handeln.

- *Das positive Prinzip:* „Positive questions lead to positive change“

Vergangenheit und Gegenwart der Organisation sind Schätze und Ressourcen. Die Frage nach dem Besten bringt das Beste hervor. Das positive Prinzip beruht auf dem Prinzip der sich selbst erfüllenden Prophezeiung: Wir finden immer das, wonach wir suchen, und haben damit sowohl Wahlfreiheit als auch Verantwortung für die Entwicklungen, die wir auslösen.

- *Das Ganzheitsprinzip:* „Wholeness brings out the best“

Das Ganze bedeutet hier wie bei Dannemiller Tyson Associates (2000) das, was alle Beobachter als „ganz“ erleben: die ganze Geschichte, das ganze System, die ganze Person.

> „It is instructive to consider that the word ‚health‘ in English is based on an Anglo-Saxon word ‚hale‘ meaning ‚whole‘: That is, to be healthy is to be whole“ (ebd., p. 69).

Das Prinzip sagt: Das ganze System hat heilende Wirkung.

- *Das Darstellungsprinzip:* „Acting ‚As if‘ is self-fulfilling“

Es gibt keine Zukunft, sondern nur eine Gegenwart, ein Hier und Jetzt, in dem wir so agieren, wie wir es für die Zukunft wünschen. Damit wir einen Wandel erleben, muss der Prozess des Wandels von Anfang an genau so gestaltet sein wie das gewünschte Ziel. Positiver Wandel entsteht, wenn der Prozess, in dem er vor sich geht, ein Role Model für die angestrebte Zukunft ist.

- *Das Prinzip der freien Wahl:* „Free choice liberates power" Menschen zeigen bessere Ergebnisse und sind stärker mit der Organisationen und ihren Zielen verbunden, wenn sie die Freiheit der Wahl ihrer Beiträge haben. Freie Wahl fördert Kompetenz und Verantwortung und einen nachhaltigen Wandel.

In diesen acht Prinzipien sind sowohl die theoretischen Wurzeln als auch die Werthaltung, Ziele und Philosophie von AI beschreiben. AI ist nicht wertneutral, sondern steht konsequent auf der Seite der Potentiale, Ressourcen und Lösungen von Organisationen.

AI ist aber auch keine „rosarote Brille". Bei AI geht es nicht darum, sich das Schlechte schönzureden. AI bearbeitet durchaus Probleme. Im Unterschied zu problemorientierten Ansätzen folgen auf die Beschreibung eines Problems aber nicht die Analyse und Diagnose, die ja meistens mit Ursachenforschung beginnen und mit der Identifikation von Schuldigen endet. Der Rückblick in die Vergangenheit dient nicht der Beantwortung der Fragen nach der Entstehungsgeschichte des Problems, sondern es folgt die Erforschung der Ressourcen und Potentiale, mit denen das Problem gelöst werden könnte, und eine Suche nach positiven Visionen für neue Entwicklungen. Probleme werden als Anlass für Veränderungen gewürdigt und als Wunsch- und Zukunftsbilder neu formuliert. Damit hat das Negative seinen Platz und kann seine positive Wirkung als Auslöser für Veränderungen entfalten. Wir kennen diese Methoden unter anderem aus der lösungsorientierten Kurzzeittherapie.

Insgesamt betrachtet AI Organisationen nicht als eine Summe von Problemen, die gelöst werden müssen, sondern als unendliche Quelle von Potentialen und Schätzen, die es im Prozess der Veränderung zu erkennen und zu nutzen gilt.

5.6.2 Struktur

- Teilnehmerzahl: 50–2000
- Dauer: 1–3 Tage
- Grundstruktur: Paare → Gruppen → Plenum

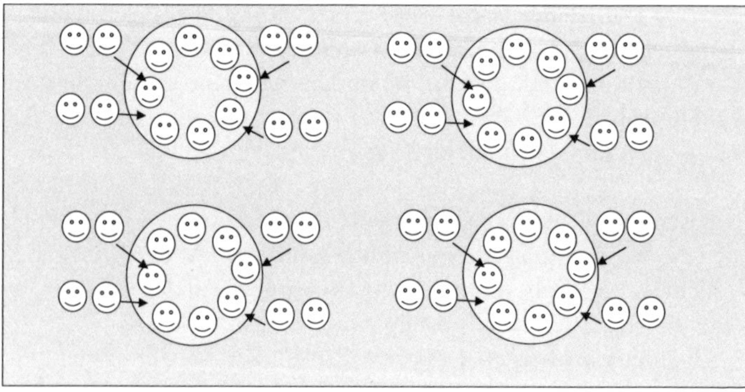

Abb. 14: Sitzordnung bei AI-Summits

Die Kommunikationssettings von AI-Summits sind Paare, die einander interviewen, Gruppen zu jeweils vier Paaren, die Ergebnisse der Interviews austauschen und verdichten, weitere Gruppen zu acht Personen, die ähnlich wie bei Zukunftskonferenzen oder RTSC-Konferenzen als MixMax-Gruppen oder homogene Stakeholder-Gruppen zusammengesetzt sein können, und das Plenum.

5.6.3 Ablauf

Der Beginn einer AI-Konferenz ist geprägt vom Grundinstrument von AI: dem wertschätzenden Interview, das paarweise durchgeführt wird. Die Teilnehmer führen zu zweit ein Interview entlang einem von den Beratern oder einem Planungsteam speziell für das Thema der Konferenz entwickelten Fragebogen.

Die Paare befragen einander nach ihren besten Erfahrungen, danach, was sie an ihrer Arbeit, ihrer Organisation und an sich selbst wertschätzen, und nach ihren Wünschen, Träumen und den Beiträgen, die sie dafür einbringen können. Dabei spielt das Storytelling eine große Rolle. Es werden die besten persönlichen Erfahrungen und Geschichten erfragt.

5.6.3.1 Das AI-Interview

Die Inhalte des Interviews werden je nach Anlass neu formuliert. Der „Bauplan“ eines AI-Interviews folgt aber immer der gleichen Logik (s. Abb. 15):

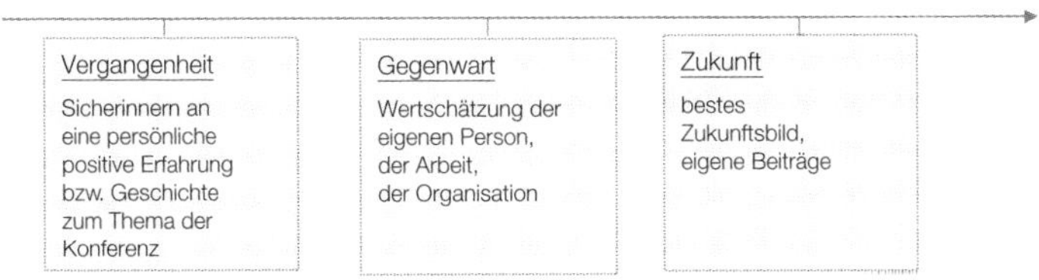

Abb. 15: „Bauplan“ eines AI-Interviews

Beispiel für ein AI-Interview:

Wertschätzendes Interview: Stärken und Erfolge meiner Profession

Bitte führen Sie mit Ihrem Partner ein Interview von jeweils 30 Minuten. Zunächst befragt Teilnehmer 1 den gesamten Leitfaden entlang Teilnehmer 2, nach 30 Minuten wechseln Sie bitte die Rollen.

1. Erinnerung an den Anfang
Zunächst bitte ich dich, dich an den Beginn deiner Tätigkeit als XY in unserem Unternehmen zurückzuerinnern:

- Was hat dich seinerzeit an diesem Beruf angezogen?
- Was macht dir heute noch Freude daran?
- Was fasziniert, was inspiriert dich dabei?

2. Erinnerung an einen Höhepunkt in Deinem Beruf
Du hast in deiner beruflichen Entwicklung vermutlich Höhen und Tiefen erlebt. Dabei gab es sicherlich auch die eine oder andere Erfahrung, die du heute noch als eine besonders herausragende positive Situation siehst, eine Situation, in der du dich besonders erfolgreich, lebendig, kreativ oder stolz gefühlt hast.

Erzähl mir bitte darüber:

- Was war das für eine Situation?
- Worum ging es dabei?
- Wer war daran beteiligt?
- Wie ist sie verlaufen?

- Was macht diese Erfahrung heute noch so bemerkenswert und positiv für dich?
- Was hast du aus dieser Situation gelernt, für dich mitgenommen?
- Welchen Beitrag hast du damals geleistet, diese Situation so wertvoll werden zu lassen?
- Welchen Beitrag haben die anderen beteiligten Menschen geleistet?

3. Wertschätzung von Person, Funktion, Organisation, der Welt
Wenn du, ausgehend von dieser Erfahrung, auf deine derzeitige Tätigkeit als XY blickst:

- Was – ohne falsche Bescheidenheit – schätzt du an dir und deiner Arbeitsweise am meisten?
- Was macht dich erfolgreich?
- Wie bleibst du engagiert und kreativ?
- Was schätzen andere an dir – deine Kunden, deine Kollegen, deine Mitarbeiter?
- Was schätzt du an deinem Beruf am meisten?
- Was macht er möglich – für dich selbst, für deine Kunden, für andere Beteiligte?
- Was schätzt du an deiner Organisation?
- Was macht sie dir möglich, wie unterstützt sie deine Entwicklung, deinen Erfolg?
- Wenn du dich heute in der Welt umsiehst: Wo siehst du Entwicklungen, die dich zuversichtlich und optimistisch stimmen? Welche Entwicklungen sind das beispielsweise?

4. Gedanken an die Zukunft
Stell dir vor, über Nacht geschieht ein Wunder. Wenn du morgens aufwachst, ist alles in deinem Arbeitsumfeld genau so, wie du es dir für deine Arbeit und deine Entwicklung immer schon gewünscht hast.

- Wie sieht die Situation dann aus? Was ist anders als heute?
- Welches sind die drei wichtigsten Beobachtungen, an denen du erkennst, dass sich etwas verbessert und verändert hat?

- Wenn du an diesem Morgen an die jetzige Zeit zurückdenkst: Welche Hürden wurden genommen, welche Probleme wurden gelöst, damit dieses Wunder möglich wurde?
- Wenn du jetzt wieder auf deine Situation und Organisation als XY blickst: Welche Elemente deines Wunders findest du heute bereits vor? An welchen zwei, drei Situationen erkennst du, dass es bereits Ansätze dieses Wunders in unserem Unternehmen gibt?

Danke für das Gespräch.

Nach den Interviews gehen jeweils vier Paare in Gruppen zusammen und arbeiten dort an ihren Themen weiter. Sie tauschen sich über die Ergebnisse der Interviews aus, fassen einige Themen zusammen.

Einer der Höhepunkte des AI-Summit ist es, wenn die Teilnehmer ihre besten Geschichten erzählen. Dabei wird ein emotionales Klima von Wertschätzung und positiven Erinnerungen erzeugt. Diese Geschichten können sehr bewegend, manchmal auch sehr lustig sein. Erfahrungsgemäß erinnern sich Teilnehmer noch lange Zeit an sie, und so entstehen neue Geschichten der Organisation.

In der Folge arbeiten Gruppen in wechselnden Zusammensetzungen an den in den Interviews entwickelten Themen, die sie – wie in Zukunfts- und RTSC-Konferenzen – dem Plenum präsentieren.

Der inhaltliche Ablauf eines AI-Summit unterscheidet sich allerdings deutlich von dem der Zukunftskonferenz.

AI hat einen Change-Management-Zyklus definiert, der als Orientierung für den gesamten Prozessablauf dient. Dieser Prozesszyklus – im Original als „4 D“ bezeichnet – beruht auf den acht Prinzipien von AI.

Ich habe den 4 D ein fünftes Element hinzugefügt – das „Decide“. Es verändert den Grundgedanken des AI-Prozesses allerdings nicht.

Ausgehend von einer konkreten und aktuellen Problembeschreibung, die Anlass für Veränderung ist, weist der AI-Zyklus 5 (im Original 4) Phasen auf:

Decide: Zu Beginn muss das Thema, das Ziel, die Herausforderung für den Wandel definiert werden: Wohin wollen wir uns bewegen? Welches ist das Thema der Veränderung, das wir vereinbaren?

Discovery: Von diesem Thema ausgehend, wird erforscht, über welche Ressourcen die Organisation verfügt, um dieses Ziel zu erreichen: Was funktioniert bei uns gut? Worauf können wir uns stützen?

Dream: Das Zukunftsbild, die Vision für dieses Thema oder Ziel gibt der Veränderung Kraft: Wie könnte es werden? Was wäre unser Traum?

Design: Das Design ist ein realistischer Entwurf für die künftige Situation oder Organisation: Wie ist unser gemeinsames Bild von der konkreten Situation?

Destiny (oder auch Delivery): Die Planung der Umsetzung und der ersten Schritte werden vorgenommen: Was tun wir zuerst? Was sollten wir noch lernen?

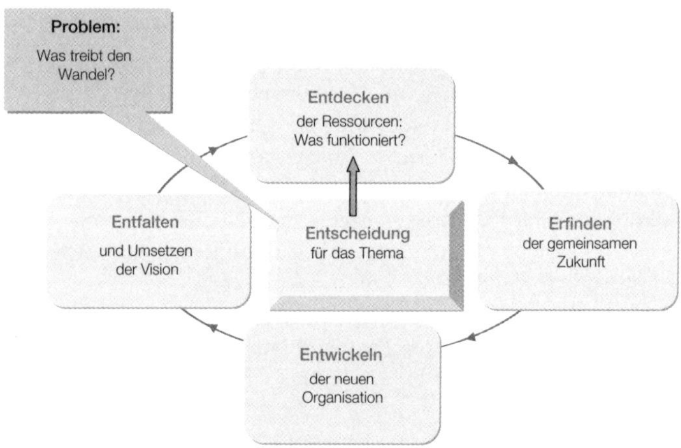

Abb. 16: Der AI-Zyklus für Change Management

Das in Abbildung 16 gezeigte Prozessmodell ist Grundlage sowohl für Mikroprozesse, wie ein Interview, für größere Prozesse, wie das Design eines AI-Summit, und auch für große Prozessarchitekturen.

Der AI-Summit folgt dem AI-Prozessmodell. Ein Musterdesign ist in Tabelle 3 dargestellt.

	Tag 1	Tag 2	Tag 3
Vormittag		*Dream* kreative Präsentationen von Visionen – Zusammenfassen der Gemeinsamkeiten	*Destiny* Maßnahmen planen – Ziele definieren – Verantwortliche nennen – inspirierende Wege erfinden
Nachmittag	*Discovery* wertschätzende Interviews – Zusammenfassen der Ergebnisse in den Gruppen – Erzählen der besten Geschichten zu den Kernthemen der Veranstaltung	*Design* Schärfen der Vision – Formulieren der wichtigsten Leitgedanken und Elemente des Neuen – Formulieren der größten Herausforderungen	Transfer in die Organisation planen – Kommunikationsdesign erstellen – Abschluss

Tab. 3: Musterdesign für einen AI-Summit

Bei diesem Musterdesign gehe ich davon aus, dass der erste Schritt des Prozesses, die Definition des Themas der Veränderung (Decide), im Vorfeld, zumeist mit dem Managementteam, erarbeitet wurde. Dieser Schritt ist das Reframing des Problems und gibt der gesamten Konferenz erst die Richtung, in der man sich bewegen will.

5.6.4 Infrastruktur und Material

Je nach Größe der Konferenz werden die gleiche Infrastruktur und das gleiche Material verwendet wie in einer RTSC- oder einer Zukunftskonferenz.

5.6.5 Möglichkeiten und Grenzen des Einsatzes

AI kann für beinahe jedes Veränderungsthema und in vielfältigen Formen eingesetzt werden. AI kann als kleine Intervention, etwa als Einstiegsinterview in Workshops, verwendet werden, aber auch bei großen Veränderungsprojekten für ganze Organisationen.

- Am besten geeignet ist AI dort, wo es um den Kulturwandel einer Organisation geht, wenn also die Art, wie bisher Probleme gelöst wurden, nicht zufriedenstellend ist und verändert werden soll.
- Mit AI können interne „Forschergruppen“ die eigene Organisation befragen und damit Informationen über das eigene System generieren. Die auf diese Weise gewonnenen Informationen können nicht nur Inhalt einer weiteren Entwicklung werden, sondern sie sind bereits Intervention in dieser Richtung.
- Ganz pragmatisch können einzelne Kommunikationssituationen – etwa Mitarbeitergespräche, Audits, Kundengespräche – mit AI neu gestaltet werden.
- Mit AI kann eine Strategieentwicklung neu aufgebaut werden.
- Besonders gut anschlussfähig ist AI im Non-Profit-Bereich, in Grassroots-Bewegungen oder in öffentlichen Bereichen, etwa Gemeinden, Schulen etc. AI ist zunehmend auch in Wirtschaftsunternehmen bekannt und geschätzt.

Oft wird AI mit anderen Methoden und Formen gemischt, etwa dem Open Space oder einer RTSC-Konferenz.

Die Grenzen bzw. Voraussetzungen für den Einsatz von AI beschreibt Matthias zur Bonsen (vgl. zur Bonsen u. Maleh 2001, S. 57):

- „‚Ehrlicher‘ Beteiligungsprozess.
- Klare Vorstellungen von den angestrebten Veränderungen.
- Genügend Zeit einplanen.
- AI ist keine Konfliktbewältigungsmethode.
- Beteiligung der Führung.“

AI ist ein ressourcenfokussierter Ansatz, der auf eine gemeinsame Zukunft gerichtet ist. Daher ist AI – ähnlich wie alle anderen Konferenzformen – dort nicht angebracht, wo harte Einsparungsmaßnahmen oder andere Prozesse geplant sind, bei denen es viele Verlierer geben wird.

AI ist ebenfalls wenig anschlussfähig, wenn Organisationen in tiefen und bedrohlichen Krisen stecken und schnelle Kriseninterventionen notwendig sind.

Falls Sie mehr Informationen haben wollen bzw. sich laufend über die neueren Entwicklungen informieren möchten, hier einige Websites: appreciativeinquiry.case.edu, www.aipractitioner.com, www.taosinstitute.net, www.aiconsulting.org.

5.7 Open Space

„Leidenschaft und Verantwortung"

Open Space ist wohl die minimalistischste aller Konferenzformen. Sie wurde bereits in den 60er Jahren durch Harrison Owen entwickelt und hat ein denkbar einfaches Grundprinzip: Bring Menschen in einem Kreis zusammen, und lass sie an einem Thema arbeiten, das sie wirklich bewegt.

Open Space ist die Konferenzform mit der offensten Struktur. Lediglich ein paar zeitliche und räumliche Rahmenbedingungen und einige wenige Spielregeln geben die Klammer für den Prozess. Die Teilnehmer übernehmen für ihre Anliegen, Ideen und Themen selbst die Verantwortung. Tun sie das nicht, dann bekommt ihr Anliegen eben keine Kraft.

In Open-Space-Veranstaltungen kann es um Problemlösungen gehen, aber auch um Zukunftsfragen, strategische Entscheidungen, einen Paradigmenwechsel in Organisationen. Open Space ist in jedem Fall eine Form des individuellen und organisationalen Lernens.

5.7.1 Quellen und Hintergrund

Eine wesentliche Anregung für Open Space bekam Harrison Owen 1983 anlässlich einer Konferenz, die er sorgfältig geplant und vorbereitet hatte. Das abschließende Feedback der Teilnehmer war ernüchternd und anregend zugleich: Die Konferenz sei zwar sehr gut organisiert gewesen, aber das Beste daran seien die Pausen gewesen. Dieser Idee ging Harrison Owen nach und verknüpfte seine Erfahrungen und Gedanken zum Konzept einer Open-Space-Konferenz.

Bei Open Space sind vier zentrale Elemente wirksam, die Harrison Owen zu dieser Form verbunden hat: Raum, Zeit, Prozess und Energie.

5.7.1.1 Raum

Die Raumordnung ist der zunächst auffälligste Aspekt von Open Space: Alle Teilnehmer sitzen in einem großen Kreis, bei sehr großen Konferenzen in mehreren konzentrischen Kreisen.

Zu dieser räumlichen Anordnung wurde Harrison Owen in Afrika inspiriert, wo er beobachtete, dass die Menschen in vielen Dörfern wichtige Angelegenheiten im Kreis sitzend besprachen. Diese Form ist auch von den amerikanischen Urbevölkerungen bekannt: Der Stamm sitzt im Kreis und bespricht wichtige Themen.

Im Kreis sind alle Beteiligten sichtbar, der Kreis macht alle gleich. Das Thema, das Anliegen steht im Mittelpunkt. Harrison Owen (2001a, S. 159) bezeichnet den „Kreis als die fundamentale geometrische Form für eine offene Kommunikation".

Raum ist zugleich aber nichts „Gegebenes" oder „Vorhandenes". Raum muss geschaffen werden. Die Teilnehmer schaffen den Raum durch die Sitzordnung, den Kreis.

Die Moderation einer Open-Space-Veranstaltung „öffnet" diesen Raum und hält ihn über die gesamte Zeit der Konferenz geöffnet.

5.7.1.2 Zeit

Bei Open Space ist Zeit ein wesentliches Element, das in unterschiedlicher Weise wirkt:

- *Der richtige Zeitpunkt* (der Kairos) muss von den Teilnehmern selbst gefunden werden: „Es beginnt, wenn es beginnt" ist eine der vier Regeln für Open Space. Dieses Gesetz geht auf eine Erfahrung zurück, die Harrison Owen in einem kleinen Dorf in Westafrika machte. Er durfte einer Stammeszeremonie beiwohnen, deren Beginn mit dem spontanen Üben der Trommler eingeleitet wurde, und die sich langsam, wie von selbst, unter hoher Intensität von Tänzen zu einem gemeinsamen Fließen der Energie des gesamten Dorfes steigerte und irgendwann wieder abflaute.

  „Es war fast so, als hätte die Dorfgemeinschaft tief eingeatmet, den offenen Raum im Zentrum mit Leben erfüllt und die Luft dann in erschöpfter, aber wohliger Mattigkeit wieder herausgelassen. Inspiration gefolgt von Exspiration" (Owen 2001b, S. 41).

- *Der Rhythmus*, das organische Ein- und Ausatmen eines sozialen Systems, ist nicht beliebig machbar, sondern entwickelt sich bei Open Space durch die Bewegungen der Teilnehmer.
- *Der Moment* ist letztendlich das Einzige, das zählt. Es gilt, hier und jetzt zu entscheiden und zu handeln, hier und jetzt zu leben und zu sein. Bei Open Space geht es aber um mehr, es geht um die Erweiterung und Ausdehnung des Moments durch die bewusste Präsenz des Augeblicks.

5.7.1.3 Prozess der Selbstorganisation

Eine der Erklärungen, wie und warum Open Space funktioniert, liefert die Chaostheorie. Der pulsierende Wechsel von Chaos und Ordnung ist der Grundrhythmus der Selbstorganisation lebender Systeme.

Open Space nutzt die Fähigkeit lebender Systeme zur Selbstorganisation. Themen und Lösungen entstehen wie von selbst. Der Prozess der Themenbearbeitung wird durch die Energie und das Engagement der Teilnehmer gesteuert. Bekommt ein Thema keine Energie, dann ist es „gestorben". So regelt sich der Prozess quasi von selbst.

Die gesamte Open-Space-Veranstaltung ist rund um diesen Gedanken gestaltet. Open Space ist ein Raum für Prozesse der Selbstorganisation von Lösungen und neuer Ordnung.

5.7.1.4 Energie

„Leidenschaft und Verantwortung" – diese beiden Leitmotive von Open Space markieren, dass es dabei hauptsächlich um Energie geht, die nur dann entsteht, wenn die beteiligten Menschen sie einbringen.

Leidenschaft ist der Ausdruck für die emotionale und geistige Energie, mit der das Thema der Konferenz ausgestattet ist oder werden soll. Verantwortung beschreibt die Energie des Handelns und die Energie für die Umsetzung und Bearbeitung der Lösung.

Leidenschaft und Verantwortung sind die beiden wichtigsten Voraussetzungen für das Gelingen einer Open-Space-Veranstaltung.

5.7.2 Struktur

- Teilnehmerzahl: 5-1000. Je nach Kontext und Ziel werden Teilnehmer eingeladen oder nehmen freiwillig an der Konferenz teil.
- Dauer: ½ bis 3 Tage.
- Form: großer Kreis und kleine Kreise.

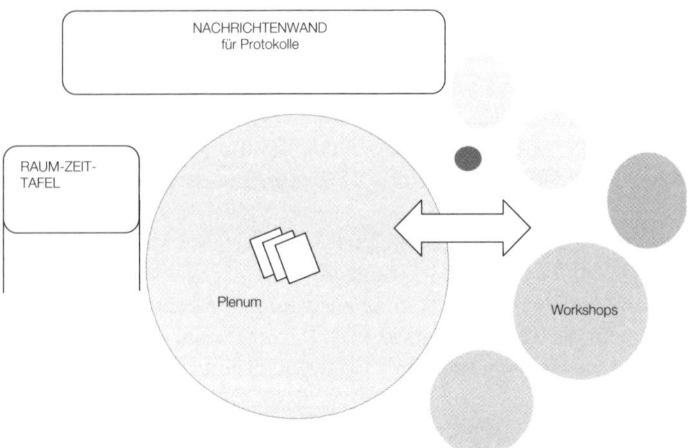

Abb. 17: Raumordnung bei Open Space

Der Raum: Die Grundstruktur von Open Space ist der Kreis. Im Raum ist daher vor Beginn ein großer Stuhlkreis aufgebaut.

Die kleinen Arbeitsräume sind mit Stuhlkreisen und Flipcharts ausgestattet. Eventuell werden auch PCs eingesetzt.

Neben dem großen Stuhlkreis befinden sich noch folgende Dinge im Raum:

Anschlagtafel: Sie kann aus einer oder mehreren Pinnwänden bestehen. Auf der Anschlagtafel ist die Raum-Zeit-Matrix zu sehen, in die die Teilnehmer später ihre Themen eintragen oder heften können.

Raum Zeit	A	B	C	D
10.00–12.00				
12.00–13.00	Mittagessen			
13.00–15.00				
15.00–17.00				
17.00–19.00	Plenum			

Anzahl und Größe der Tafeln hängen von der Dauer der Konferenz und der Zahl der Teilnehmer ab. Die hier gezeigte Tafel wäre für eine eintägige Veranstaltung geeignet.

Nachrichtenwand: Sie kann sich – je nach Größe und Dauer der Veranstaltung – über eine ganze Wand des Raumes oder über eine oder mehrere Pinnwände erstrecken.

Die Nachrichtenwand dient der Veröffentlichung der Protokolle der Arbeitsgruppen. Die Protokolle werden entweder auf Flipcharts oder auf PCs geschrieben und für alle Teilnehmer ausgedruckt.

Papier und Stifte: Liegen im Zentrum des Kreises bereit.

Spielregeln der Konferenz: An einer Wand des Raumes hängt ein Plakat mit den Regeln der Veranstaltung: das Gesetz der zwei Füße und die vier Regeln (siehe 5.7.3.2).

5.7.3 Ablauf

Open-Space-Konferenzen haben einen einfachen Ablauf:

(1) Der Moderator eröffnet die Konferenz.

(2) Anschließend werden die Teilnehmer eingeladen, zum gemeinsamen Hauptthema der Konferenz ihre persönlichen Unterthemen zu nennen und an die Anschlagtafel zu heften.

(3) Danach ist der „Marktplatz“ eröffnet, auf dem die Teilnehmer sich für die einzelnen Themen entscheiden und Arbeitsgruppen bilden können.

(4) Es erfolgt nun die Phase der Arbeitsgruppen, die – je nach Länge der Konferenz – in mehreren Runden stattfinden kann.

(5) Während dieser Phase erscheinen die ersten Berichte an der Nachrichtenwand.

(6) Bei mehrtägigen Konferenzen werden Morgen- oder Abendrunden im Plenum abgehalten, bei denen darüber berichtet wird, wie die Arbeit in den Gruppen vorangegangen ist.

(7) Die Initiatoren der Arbeitsgruppen haben die Aufgabe, die Ergebnisse ihrer Gruppe samt den Namen aller Mitwirkenden zeitgerecht in einem gemeinsamen Dokumentationsband zusammenzufügen und diesen Band für jeden Teilnehmer der Konferenz auszudrucken.

(8) Es folgen das gemeinsame Lesen, Gewichten, Zusammenführen (Clustern) der Ergebnisse und die Planung von Schritten, Maßnahmen etc. in neuen Arbeitsgruppen.

(9) Den Abschluss der Konferenz bildet ein Abschlussritual. Das kann eine „Talking-Stick"-Runde sein, bei der ein Sprechsymbol herumgereicht wird, wobei die Person, die das Symbol gerade hält, eine abschließende Bemerkung zur Konferenz machen kann. Es können aber auch andere Rituale ge- oder erfunden werden.

So einfach dieser Ablauf für erfahrene Workshopleiter klingt, so gibt es doch einige kritische Punkte, die die Moderation einer Open-Space-Veranstaltung zu einer anspruchsvollen Aufgabe machen.

5.7.3.1 Die Präsenz der Moderation

Der Moderator tritt vor allem am Beginn der Konferenz in Erscheinung. Er eröffnet die Konferenz und damit den Raum und die Zeit.

Man sollte nicht unterschätzen, welche Kräfte in einem größeren Kreis von Menschen wirksam sein können. Als Moderator steht man zu Beginn im Zentrum all dieser Energie. Das muss man nicht nur gut aushalten können, sondern der Moderator muss selbst Energie und Präsenz aufbringen, um seine einzigen beiden Aufgaben zu erfüllen: „Zeit und Raum schaffen und Zeit und Raum sichern" (Owen 2001a, S. 73).

Das ist von der zeitlichen Präsenz nicht besonders viel, von der energetischen Seite her sehr viel und fordert von der Moderation enorm viel Kraft. Daher sollte sich der Moderator sehr gut auf diese Arbeit vorbereiten, die wichtigen Inhalte der Eröffnungsrunde gut einlernen und sich auf diese kurze, aber wichtige Aufgabe mental einstellen.

Die Aufgabe der Moderation ist es, die Spannung des offenen Raumes und der Themen zu halten. Das gelingt nur mit hoher Konzentration und Gelassenheit zugleich.

Die Eröffnungsmoderation gibt den Teilnehmern Informationen, die sie brauchen, um an ihren Themen zu arbeiten:

(1) Die Konferenzeröffnung (kann auch durch den Auftraggeber der Konferenz erfolgen) benennt den Anlass, das Ziel und die Vorgeschichte der Konferenz: Warum sind wir heute hier?

(2) Das Plenum fokussieren und den Raum eröffnen: Dabei schreitet der Moderator den Kreis langsam ab und bittet die Teilnehmer, sich im Kreis umzusehen. Er weist auf diese besondere Situation hin und hilft der Gruppe, sich zu sammeln.

(3) Das Thema der Konferenz ansagen: Was ist der Zweck der Konferenz? Der Moderator geht dabei in das Zentrum des Kreises.

(4) Anschließend beschreibt der Moderator das Verfahren, mit dem das Thema bearbeitet wird: Sie werden jetzt gleich Gelegenheit erhalten, Ihre persönlichen Themen, für die Sie Leidenschaft empfinden und für die Sie Verantwortung übernehmen wollen, auf das Papier in der Mitte des Kreises zu schreiben und es dann an die Raum-Zeit-Tafel zu heften. Sie sollen dazu auch Ihren Namen auf das Papier schreiben. Sie werden in Arbeitsgruppen an diesen Themen arbeiten können.

Dazu stellt der Moderator die einzigen Spielregeln der Konferenz vor (siehe 5.7.3.2):

5.7.3.2 Vier Grundsätze und ein Gesetz

Die vier Grundsätze (Regeln) gelten für den gesamten Ablauf der Konferenz. Sie sind auf zwei Plakaten an der Wand befestigt und bleiben während der gesamten Konferenz sichtbar.

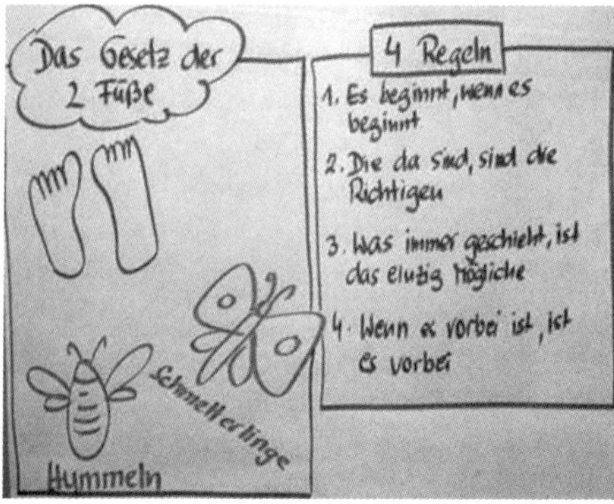

Abb. 18: Das Gesetz der zwei Füße und die vier Regeln

Die vier Grundsätze

Es beginnt, wenn es beginnt/wenn die Zeit reif ist. Kreativität und geistige Energien lassen sich nicht erzwingen, nicht ein- oder ausschalten. Wenn die Zeit reif ist, fließt alles von alleine.

Wer immer kommt, es sind die richtigen Leute. Den Teilnehmern wird empfohlen, nicht auf bestimmte Personen des Kreises zu warten, sondern davon auszugehen, dass diejenigen, die gekommen sind, auch Interesse und Energie für das Thema mitbringen. Auch wenn niemand kommt, ist es gut. Es ist eine Gelegenheit, in Ruhe über das entsprechende Thema nachzudenken.

Was immer geschieht, es ist das Einzige, was geschehen kann. Dieser Grundsatz sagt den Teilnehmern, dass sie sich auf den gemeinsamen Prozess einlassen sollen. Die Dinge entwickeln sich auch ohne Kontrolle.

Wenn es vorbei ist, ist es vorbei. Wenn die Luft raus ist, wenn die Lösung da ist, sollte man einfach aufhören. Umgekehrt, wenn es nicht vorbei ist, ist es nicht vorbei. Dann braucht das Thema mehr Zeit. Dann könnte ein neuer Workshop gebildet werden.

Das eine Gesetz ist das Gesetz der zwei Füße

Es besagt, dass die Teilnehmer für ihr Lernen und ihre Zufriedenheit selbst verantwortlich sind. Wenn sie bemerken, dass sie in einer Arbeitsgruppe weder selbst etwas lernen noch etwas zum Lernen der anderen beitragen können, dann sollten sie ihre Füße benutzen und einen Ort aufsuchen, an dem sie produktiver sein können. Initiatoren der Arbeitsgruppe sollen nicht gekränkt sein, wenn jemand geht.

Zwei besondere Teilnehmerrollen leiten sich aus dem Gesetz der zwei Füße ab: Hummeln und Schmetterlinge.

- *Hummeln* sind jene Personen, die sich keiner Arbeitsgruppe dauerhaft anschließen, sondern sich die Freiheit nehmen, von Gruppe zu Gruppe zu schwirren und einzelne Arbeitsgruppen zu befruchten und zu bereichern.
- *Schmetterlinge* sind jene Teilnehmer, die an gar keiner Gruppe teilnehmen und lieber irgendwo herumsitzen.

> „Die Schmetterlinge tun tatsächlich sehr wenig, und gerade das ist ihre Leistung. Sie schaffen Oasen der Ruhe, an denen man das Schweigen genießen oder sich auf ein neues, unerforschtes Gesprächsthema einlassen kann" (Owen 2001a, S. 116).

Die vier Grundsätze und das Gesetz der zwei Füße sind wichtige Bestandteile der Moderation und sollen möglichst klar und verständlich vermittelt werden.

> „Der Hauptzweck dieser Erklärungen ist nicht, dass man den Teilnehmern Informationen und Techniken vermittelt, sondern dass man einen sicheren räumlichen und zeitlichen Rahmen für die Arbeit schafft" (ebd., S. 118).

Ein letzter kritischer Punkt bei der Eröffnung einer Open-Space-Veranstaltung ist die Phase der Themenfindung. Auch dieser Teil verlangt der Moderation einiges ab (siehe 5.7.3.).

5.7.3.3 Themen finden

Nachdem der Moderator das Verfahren und die Spielregeln vorgestellt hat, ist es nun an den Teilnehmern, den offenen Raum mit ihren Ideen und Themen zu füllen.

Der Moderator lädt ein: Wer ein Thema hat, für das er/sie Leidenschaft empfindet und Verantwortung übernimmt, möge in die Mitte des Kreises treten, das Thema und den eigenen Namen auf das

DIN-A3-Papier schreiben, das Thema und den eigenen Namen vorstellen und das Blatt anschließend an der Anschlagtafel befestigen.

Im Allgemeinen vergeht an diesem Punkt einiges an Zeit, bis der erste Teilnehmer in den Kreis tritt, sich niederkniet und das Thema aufschreibt. Das braucht Mut und Überwindung.

> „Es lässt sich nie vorhersagen, wie schnell Teilnehmer reagieren werden, aber sie reagieren immer. Ein paar zögern vielleicht noch, weil sie nicht glauben können, dass nicht doch jemand eine Tagesordnung aus der Tasche ziehen wird. Sie fürchten, sich zu blamieren, wenn sie zu schnell ins Wasser springen. Es ist hilfreich, keinen Zweifel daran zu lassen, dass die Tagesordnung tatsächlich aus nichts anderem besteht als aus einer leeren Wand, bis die Teilnehmer sie mit ihren Themenblättern füllen" (Owen 2001a, S. 119).

Dieser Zeitraum des Schweigens ist ein spannender Moment bei Open Space. Er verlangt der Moderation Ruhe, Klarheit und Vertrauen ab. Aber manchmal geht es auch schnell, und die Teilnehmer „stürmen" das Zentrum des Kreises.

Die „Zeremonie" der Themenfindung ist ein wohlüberlegtes Ritual: In die Mitte des Kreises zu gehen, sich niederzuknien, wieder aufzustehen und sein Thema und seinen Namen zu nennen – das sind viele kleine Hürden, die ein Teilnehmer überwinden muss. Diese Hürden dienen dazu, das Gefühl von Leidenschaft und Verantwortung noch einmal zu überprüfen. Und diese Gefühle braucht man, um ein Thema zum Leben zu bringen und ihm Kraft zu geben. Wer sich auf diese Weise exponiert hat, hat das Thema mit Energie ausgestattet und wird dafür in der Arbeitsgruppe und eventuell für die weitere Bearbeitung Verantwortung übernehmen.

Wenn keine Energie mehr da ist, keine Themen mehr genannt werden, ist die Phase der Themenfindung abgeschlossen. Dann beginnt der Marktplatz. Das ist eine Situation von Durcheinander, Gewirr von Menschen, die vor der Anschlagtafel stehen und überlegen, in welche Arbeitsgruppe, zu welchem Thema sie sich hingezogen fühlen. Sie tragen sich bei den Arbeitsgruppen ein, und die Arbeit beginnt.

Die Aufgabe der Moderation ist es nun, Raum und Zeit durch die eigene Präsenz zu sichern. Harrison Owen erzählt, dass er seine Präsenz etwa dadurch zeigt, dass er herumgeht, Gläser wegräumt, mit einigen Menschen plaudert. Er ist einfach da und mit ihm der offene Raum: Open Space.

5.7.4 Infrastruktur und Material

Open-Space-Veranstaltungen sind zwar nicht besonders aufwendig, dennoch benötigt man eine Reihe von Materialien und vor allem geeignete Räume.

Räume:
Für Open Space benötigt man einen Veranstaltungsort, der über einen großen und hellen Plenarraum und mehrere kleine Arbeitsräume verfügt. Besonders angenehm ist ein Veranstaltungsort mit Zugang ins Freie bzw. ins Grüne.

Material:

- ausreichend Pinnwände (mit Bespannung) und Flipcharts
- PC und Drucker
- Moderationsmaterial: Stifte, Klebebänder
- Post-its (größtes Format)
- DIN-A3-Papier und Stifte für die Mitte des Kreises
- Mikrofonanlage (bei großen Gruppen)
- vorgefertigte Flipcharts (für das Gesetz der zwei Füße und die vier Regeln).

5.7.5 Möglichkeiten und Grenzen des Einsatzes

Harrison Owen (2001b, S. 56) nennt vier Faktoren als Voraussetzung für Open Space:

> „Ein hohes Maß an Komplexität im Hinblick auf die zu behandelnden Themen; ein hohes Maß an Vielfalt im Hinblick auf Menschen, die diese Themen bearbeiten sollen; zahlreiche (konkrete oder mögliche) Konflikte; eine Entscheidung, die spätestens gestern fällig war."

Open Space lebt von dem besonderen Spannungsverhältnis zwischen einem konkreten, genau definierten Konferenzthema und der offenen, losen Struktur der Konferenz.

Ist das Thema einer Open-Space-Konferenz nicht wirklich sehr klar und eindeutig, hat es für die Teilnehmer nur geringe Bedeutung und daher wenig Energie, dann kann diese Spannung nicht erzeugt werden.

Die genaue Definition eines Themas, das den Teilnehmern wirklich unter den Nägeln brennen muss, ist daher eine der wesentlichen Vorarbeiten für Open Space.

Versucht der Auftraggeber andererseits, im Vorfeld die Konferenz zu strukturieren, etwa indem er Wert darauf legt, dass bestimmte Gruppen an einem Thema arbeiten, oder verbietet, dass „Schmetterlinge" herumsitzen, dann ist der Erfolg verspielt. Ich habe erlebt, dass Auftraggeber in ihrem Bedürfnis nach Sicherheit, Planung und Orientierung die Idee von Open Space zwar reizvoll finden, dann aber mit der Unsicherheit, die diese offene Form darstellt, nicht zurechtkommen und eingreifen wollen. Hier sollte der Berater klare Grenzen ziehen.

Open-Space-Konferenzen können zu sehr unterschiedlichen Fragen und in sehr verschiedenen Zusammenhängen eingesetzt werden:

- Problemlösungen: Zu konkreten Themen können bei Open Space Ideen gesammelt und überprüft werden. So habe ich im Rahmen einer Unternehmensübernahme mit den Führungskräften des übernehmenden Unternehmens eine Open-Space-Veranstaltung zur Frage durchgeführt: „Wie können wir zum Gelingen der künftigen Kooperation beitragen?"
- Kreative Ideensammlung: Harrison Owen erzählte einmal davon, mit einem Flugzeughersteller eine Open-Space-Veranstaltung zur Frage der Form des Griffes der Flugzeugtür organisiert zu haben. Aber auch Ideen für neue Produkte, Projekte, Prozesse können mit Hilfe von Open Space entwickelt werden.
- Sammeln von Umsetzungsideen für geplante Projekte oder Strategien.
- Ausgangspunkt für strategische Entscheidungen: Wohin wollen wir gehen?
- Verbesserung der Kundenorientierung.
- Veränderungen in Gang bringen.

Open Space wird sehr gern als ein Element bei anderen Konferenzen verwendet, vor allem in RTSC-Konferenzen oder in AI-Summits. Dabei ist der Open-Space-Teil oft der Abschluss der Veranstaltung, bei dem Ideen für die Umsetzung der in der Konferenz entwickelten Ziele gesammelt werden.

Mehr über Open Space können Sie erfahren unter: www.openspaceworld.com [4.12.2007].

5.8 The World Café

„Simple but powerful“

5.8.1 Quellen und Hintergrund

Das World Café ist die jüngste Form von Großgruppen. Ihre Uraufführung fand 1995 durch die beiden Berater Juanita Brown und David Isaacs beinahe zufällig statt (vgl. Isaacs 2007). Aus einer Verlegenheit, einen Workshop nicht wie geplant im Freien durchführen zu können, sondern auf Grund strömenden Regens im Inneren eines Hauses abhalten zu müssen, entstand die Idee, den Raum mit einer Reihe von kleinen Tischen zu füllen, die mit Blumen geschmückt und mit Papier und Stiften ausgestattet wurden. Der Erfolg war überzeugend, eine neue Form von vernetzten Dialogen war geboren.

Damit ist auch schon das Prinzip des World Café beschrieben: Man nehme eine größere Zahl kleiner Tische – für jeweils vier bis fünf Personen. Das können hohe Stehpulte oder kleine Kaffeehaustische sein. Man statte die Tische mit Papiertischtüchern oder größeren Blättern und vielen bunten Stiften aus. Die Konferenz besteht darin, dass sich jeweils vier bis fünf Personen an den Tischen zusammenstellen oder -setzen, sich in mehreren Runden über das gemeinsame Thema unterhalten und ihre Ergebnisse festhalten bzw. mit den Ergebnissen der anderen Gruppen vernetzen, indem sie in mehreren Runden zu anderen Tischen gehen, die Ergebnisse dort einbringen und neue aufnehmen. Am Ende werden die gemeinsamen Ergebnisse der gesamten Gruppe vorgestellt. So einfach ist das!

Das World Café ist eine Methodik, die es erlaubt, Gespräche so zu verbinden, dass Zugang zum kollektiven Wissen und zu neuer

Kreativität und Energie geschaffen wird. Sie ist eine bewusst einfache Konferenzform, die sich vor allem auf die Vernetzung von Wissen von Organisationen konzentriert und einem einfachen Grundgedanken folgt: Jedes soziale System verfügt über das Wissen, das zur Lösung von Problemen erforderlich ist. Wenn es gelingt, eine Situation angstfreier Kommunikation und von vernetzten Dialogen herzustellen, kann dieses Wissen erkannt, erweitert und genutzt werden. Das World Café ist damit ein Setting für Wissensmanagement.

Juanita Brown unterlegt die Idee des World Café mit einigen Annahmen und Überlegungen, die aus dem systemischen Verständnis von Organisationen stammen. Organisationen sind lebende Systeme, deren wesentliches Element Kommunikation ist. Wie bei allen Großgruppenverfahren gilt auch hier die Annahme, dass Organisationen sich dann verändern, wenn sich die Kommunikationen, also die Landkarten, die Verhaltensmuster, die Verknüpfungen und Interaktionen verändern. Juanita Brown geht davon aus, dass Organisationen sich dann entwickeln oder Lösungen finden können, wenn es gelingt, neue Kommunikationsformen und -settings zu schaffen.

Das World Café knüpft bewusst an die Logik der Selbstorganisation der sogenannten informellen Kommunikation an, wie sie in allen Organisationen besteht: Kaffeepausen, After Work Communities, Tratsch zwischen Tür und Angel. Hier verläuft Kommunikation angstfrei, gesteuert von den Interessen der Beteiligten, hier treffen andere Menschen und damit andere Perspektiven aufeinander als in der organisierten Regelkommunikation. Das World Café ist eine Vernetzung von vielen kleinen Gruppengesprächen und organisiertem Dialog der Großgruppe.

Juanita Brown und David Isaacs standen zur Zeit der Initiierung des World Café im Feld systemischer Beratung und von Großgruppenarbeit. Das World Café ist eine Modifikation und Weiterentwicklung der bekannten Konferenzformen, die sich auf viele Gedanken und Erfahrungen der Pioniere von Großgruppen und des systemischen Denkens stützt. Vieles, was das World Café ausmacht, hat seine Quellen und Wurzeln in anderen Großgruppenverfahren: Der hohe Stellenwert der Selbstorganisationsfähigkeit sozialer Systeme erinnert an Open Space; die große Bedeutung des offenen und lösungsfokussierten Fragens knüpft an AI an; die kreativen Methoden der Visualisierung und Darstellung von Gruppenergebnissen lehnen sich an die Zukunftskonferenz an. Dennoch ist das World Café etwas Neues und Eigenes.

Das World Café stützt sich auf **sechs Arbeitsprinzipien** (The World Café Community 2002):

(1) Sinn und Zweck des Café-Meetings klären
Das kann im Rahmen eines größeren Veränderungsprozesses und gemeinsam mit einem Planungs- oder Steuerungsteam geschehen. Wie bei Open Space gilt auch hier: Je klarer der Fokus, das Ziel, der Sinn der Konferenz, umso leichter können die Teilnehmer mit der offenen Form der Kommunikation umgehen.

(2) Einen einladenden Rahmen schaffen
Das World Café schließt bewusst an vertraute informelle Kommunikationssettings an, etwa solche im Kaffeehaus, in Pausenräumen, im halb privaten Raum. Daher wird empfohlen, den Raum angenehm und freundlich zu gestalten: Blumen auf den Tischen, bunte Tischdecken aus Papier, angenehme Hintergrundmusik, Tageslicht, Obst, Getränke und Gebäck an den Seiten.

(3) Fragen wählen, die für die Teilnehmer in ihrer Praxis relevant sind
Im World Café kann nur eine einzige Frage über mehrere Runden bearbeitet werden. Der Erfolg eines World Café hängt sehr von der Kraft und Relevanz der Frage ab, die der Veranstaltung den Fokus und die Richtung gibt. Die Frage sollte relevant, lösungsfokussiert und anregend sein.

(4) Verschiedene Menschen mit unterschiedlichen Perspektiven verbinden
Die Weisheit des Systems und das kollektive Wissen werden erst dann zugänglich, wenn möglichst viele unterschiedliche Perspektiven aufeinandertreffen, die einander anregen und bereichern. So können alle profitieren. Jeder Tisch hat einen Tisch-Gastgeber, der

in allen Runden bei seinem Tisch bleibt und die neuen Besucher empfängt. Der Gastgeber stellt am Ende die Ergebnisse seines Tisches vor.

(5) Einander zuhören und gemeinsam nach Mustern, Einsichten und vertiefenden Fragen suchen
Die Bereitschaft, einander zuzuhören, die Unterschiede zu würdigen, gemeinsame Muster zu entdecken und neue Erkenntnisse zu gewinnen, ist die Voraussetzung für den gemeinsamen Lernprozess. Der Gastgeber ist in der Rolle, diese Bereitschaft immer wieder zu sichern.

(6) Die gemeinsamen Erkenntnisse sichtbar machen
An den Tischen werden die Teilnehmer eingeladen, ihre Gedanken auf den Tischtüchern oder dem Papier zu notieren, zu kritzeln, zu zeichnen. Die Ergebnisse der Gruppen können auf viele verschiedene Weisen dem Plenum vorgestellt werden. Es können Flipcharts mit Zeichnungen oder Texten an den Wänden befestigt werden, es können Bilder gemalt, Sketches präsentiert, Mindmaps hergestellt oder ein gemeinsames Café-Buch geschrieben werden. Es soll jedenfalls Spaß machen.

Juanita Brown setzt interaktive Zeichner ein, die simultan die Ergebnisse in Form von kleinen Piktogrammen und Skizzen protokollieren.

5.8.2 Struktur

- Teilnehmerzahl: 15–1500. Je nach Kontext und Ziel werden Teilnehmer eingeladen oder nehmen freiwillig an der Konferenz teil.
- Dauer: ½ Tag.
- Form: viele kleine Tische (hoch oder niedrig mit Stühlen).

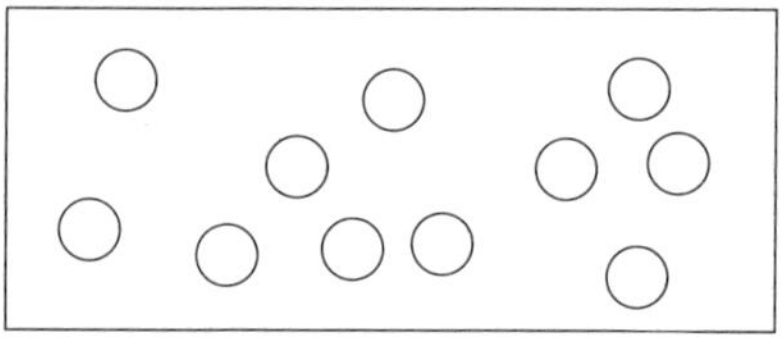

5.8.3 Ablauf

So einfach wie die Struktur ist auch der Ablauf: Der Gastgeber eröffnet und gibt Anlass und Leitsätze des World Café bekannt. Er ermuntert die Teilnehmer, sich einzubringen, offen und kreativ zu sein.

Darüber hinaus wird die Café-Etikette – die Spielregeln der Veranstaltung – vorgestellt:

- Konzentrieren Sie sich auf das, was wichtig ist.
- Stellen Sie Ihre Erfahrungen und Ideen zur Verfügung.
- Sprechen Sie mit Herz und Verstand.
- Hören Sie zu, um wirklich zu verstehen.
- Stellen Sie Verbindungen und Zusammenhänge von Ideen her.
- Hören Sie gemeinsam auf dahinterliegende Themen, Einsichten und Fragestellungen.
- Schreiben, kritzeln, malen Sie Ihre Gedanken auf die Tischdecke.

Nun beginnen – im Allgemeinen – drei Gesprächsrunden von jeweils ca. 30 Minuten:

- Die erste Runde dient der Einstimmung auf das Thema. Danach wechseln die Teilnehmer – mit Ausnahme des Tisch-Gastgebers – zu anderen Tischen.
- Die zweite Runde dient der Vernetzung der Gespräche. Ideen aus der ersten Runde werden vorgestellt und verbunden.
- Die dritte Runde dient der Vertiefung und genaueren Untersuchung des Themas.

Nach diesen drei Runden werden die Ergebnisse, die an den Tischen entstanden und dokumentiert wurden, dem Plenum präsentiert. Das ist die Ernte der Veranstaltung.

Es gibt danach keinen Aktionsplan, keine Vereinbarungen. Das World Café ist hier zu Ende.

5.8.4 Material und Infrastruktur

- Das World Café ist bewusst *low tech*. Am besten verwenden Sie:
- Kleine, runde Tische, kleine, viereckige tun es aber auch
- ausreichend Stühle
- bunte Tischdecken aus Papier oder
- viel Papier an den Tischen, Post-its, bunte Pinnkarten
- bunte Filzstifte
- Flipcharts und Pinnboards
- Büromaterial (Klebebänder, Heftmaschine etc.)
- Blumen
- eine Musikanlage mit angenehmer, leiser Musik
- eine größere leere Wand.

Bei sehr großen Veranstaltungen benötigen Sie:

- Overheadprojektor oder Beamer mit Leinwand
- Mikrofone und Mischpult.

5.8.5 Möglichkeiten und Grenzen der Anwendung

Das World Café eignet sich vor allem für die Vernetzung von Wissen und für die Kreation neuer Ideen. Es schafft hohe innere Beteiligung bei den Teilnehmern.

Dieses Großgruppenformat kann in sehr unterschiedlichen Kontexten und zu vielfältigen Themen angewendet werden. Der Name der Veranstaltung kann sich dann auch dem Thema anpassen, also etwa ein „Strategy Café“, ein „Leadership Café“ oder ein „Kundenorientierungs-Café“ werden.

Vielfach wird das World Café auch als ein Element einer größeren Veranstaltung eingesetzt, etwa am Beginn einer RTSC-Konferenz, wenn es um die Generierung von Informationen geht.

Die Grundidee des World Café besteht unter anderem darin, dass die Trennung zwischen „Reden“ und „Handeln“ aufgehoben wird. Juanita Brown geht davon aus, dass neue Gespräche zu neuen Einsichten und diese zu neuem Handeln führen.

Ähnlich wie Harrison Owen seine Open-Space-Idee gern als Grundprinzip der Gestaltung von Organisationen verwirklicht wüsste, so denkt auch Juanita Brown über Kommunikation als

Kernfaktor von Organisationen nach und meint (Brown a. Isaacs 2001, p. 5):

> „Was wäre, wenn Konversation so sehr zum Kerngeschäft gehörte wie Marketing, Verkauf oder Produktionsentwicklung? Was wäre, wenn das *der* Kernprozess wäre, die Quelle der organisationalen Intelligenz, die es den anderen Prozessen ermöglicht, positive Ergebnisse zu produzieren? Stellen Sie sich Ihre Organisation einmal als eine Ansammlung von Kaffeehaustischen vor, mit Mitarbeitern, die sich sowohl zwischen ihren Funktionen innerhalb der Organisation bewegen als auch die vielen „Tische" der Kunden, Lieferanten oder anderen Kommunikationspartner miteinander verbinden. Welcher Unterschied gegenüber einer traditionellen Hierarchie ergäbe sich für Ihre Handlungsmöglichkeiten, wenn Sie sich Ihren Arbeitsplatz eher als ein dynamisches, lebendiges Netzwerk von Kommunikation und Wissensentwicklung vorstellen (…)?"

Wie andere Konferenzformate hat sich auch rund um das World Café eine lebendige und aktive Community gebildet, die weltweit dazu beitragen will, die Welt friedlicher und kooperativer zu machen.

Mehr dazu können Sie erfahren unter: www.theworldcafe.com.

5.9 Zusammenfassend

Nichts ist so stark wie eine Idee, deren Zeit gekommen ist.

Das gilt in besonderem Maße für Organisationskonferenzen und Großgruppen. Sie sind nicht nur eine Antwort auf eine dynamisierte Gesellschaft, die schnell Antworten auf komplexe Frage finden muss. Sie sind auch die Vorboten eines Kulturwandels von Führung und Organisationen.

Großgruppen sind zugleich auch ein wahrhaft systemisches Instrument der Veränderung von Organisationen. Sie setzen nicht bei den Menschen, nicht bei den Zahlen oder den Strukturen an, sondern dort, wo aus systemsicher Sicht das Kernelement von Organisationen liegt: bei der Kommunikation und ihrer Veränderung. Großkonferenzen verändern Kommunikation in ihrer Struktur, ihren Abläufen, ihren Zusammensetzungen und ihren Inhalten. Insofern sind sie ein Instrument schneller und nachhaltiger Organisationsveränderung.

Die grundlegenden Werte aller vorgestellten Konferenzen bestehen gleichermaßen aus Respekt, Wertschätzung und Vertrauen. In allen Konferenzen geht es um neue Formen von offenen Dialogen und Klartext.

Sosehr der Spaßfaktor bei allen Konferenzen Bedeutung hat, so wenig sind diese Konferenzen Spaßveranstaltungen oder Incentives. Großkonferenzen sind vor allem neue Arbeitsformen für komplexe Systeme und bei komplexen Themen, sie sind ein Experimentier- und Lernfeld für ganze Organisationen auf der Suche nach neuen Wegen der Kooperation.

Wenn Sie weitere Informationen und Praxisbeispiele erhalten möchten, kann ich Ihnen diese beiden Websites empfehlen: www.all-in-one-spirit.de, www.train.at.

6. Empfehlungen für die praktische Arbeit mit Großgruppen

Großkonferenzen sind wie Ballett: Wenn es besonders leicht aussieht, steckt meistens viel Arbeit dahinter.

Großgruppen bieten viele Chancen und Möglichkeiten des Lernens und der Entwicklung von Organisationen. Sie sind ein ideales Instrument dafür, mit der inneren und äußeren Komplexität von Organisationen, der hohen Veränderungsgeschwindigkeit der Märkte, dem Anspruch auf Nachhaltigkeit von Lösungen professionell und systemisch angemessen umzugehen. Sie bieten viele Einsatzmöglichkeiten und sind so miteinander kombinierbar, dass sie auf sehr unterschiedliche Themen, Kontexte und Ziele hin maßgeschneidert werden können.

Die Arbeit mit großen Gruppen oder – wie ich es vorziehe – mit Organisationskonferenzen ist aber auch eine anspruchsvolle Tätigkeit, die viel unterschiedliches Wissen und Können erfordert. In zahlreichen Büchern (Beispiele in 6.1) finden Sie konkrete Unterstützung und praktische Anregungen dafür, wie man eine Großgruppenkonferenz gestalten kann. Dort kann man Antworten auf viele technische und organisatorische Fragen bekommen.

6.1 Hilfreiche weiterführende Literatur und praktische Anregungen zum Einstieg

RTSC-Konferenzen: Matthias zur Bonsen (2003); *Future Search:* Marvin Weisbord und Sandra Janoff (2000); *Appreciative Inquiry:* Matthias zur Bonsen und Carole Maleh (2001); *Open Space:* Harrison Owen (2001a)

Es ist mir ein Anliegen, Ihnen über diese hilfreiche Literatur hinaus noch einige Empfehlungen zu geben, die aus meiner persönlichen langjährigen Erfahrung mit Organisationskonferenzen entstanden sind.

6.2 Die Rolle des Moderators

Mit großen Gruppen kann man nicht arbeiten wie mit kleinen Gruppen:

- Man ist nicht in Kontakt mit jedem einzelnen Teilnehmer, kann viele ihrer Gedanken und Ideen gar nicht kennenlernen.
- Man kann nicht spontan intervenieren oder gespannt abwarten, was der Prozess so mit sich bringt.
- Die Teilnehmer sind in ihren Rollen und Funktionen eingeladen. Die Führung – das Management – hat einen besonderen Platz, der klar und würdig sein muss.
- Die Teilnehmer repräsentieren im Allgemeinen ein System, das größer ist als die anwesende Gruppe und in allen seinen Facetten von Kultur, Zielen, Eigenheiten mitschwingt und beachtet werden muss.

Große Gruppen brauchen daher ein besonders ausgewogenes Verhältnis von Steuerung und Freiraum. Der Einzelne muss sichtbar und hörbar werden, wie auch das ganze System. Die Inhalte sind ebenso zu bearbeiten wie die Emotionen, der Organisationskontext und der Veränderungsprozess. Die Herausforderung bei der Arbeit mit großen Systemen liegt in der Komplexität der Themen und der Gleichzeitigkeit der Veränderungen. All diesen Aspekten muss die Moderation Raum geben können. Es ist ein „Surfen auf der Komplexität".

Der Moderator ist „Anwalt der Komplexität", die durch die Kommunikationssettings, den Prozess, die einzelnen Inszenierungen bearbeitet und zugleich den Teilnehmern zugänglich gemacht werden soll. Die Einsicht in die Komplexität der Organisation oder auch der Themen ist vielfach eine der wichtigsten Erkenntnisse für Teilnehmer, die im Alltag unter stark komplexitätsreduzierenden Bedingungen – Strukturen, Spielregeln, Prozeduren, Aufgabenprofilen – arbeiten.

6.3 Beratungskompetenz – nicht Moderation – ist vor allem gefragt

Die Arbeit mit Großgruppen ist aber nur zu einem geringen Teil Moderationsarbeit. Die Moderation während der Veranstaltung besteht zum überwiegenden Teil aus der Ansage der Gruppenarbeiten und dem Abholen der Berichte aus den Gruppen. Die „eigentliche" Arbeit an der Konferenz findet im Vorfeld statt.

Eine Großveranstaltung ist oft entweder der Endpunkt oder ein Schritt eines Veränderungsprozesses. Die Planung und Vorbereitung – vor allem der Führung – bedarf intensiver beraterischer Arbeit. Im Vorfeld geht es darum, das Veränderungsanliegen zu klären, Ängste, Befürchtungen und Einwände der Führung oder anderer Beteiligter zu beruhigen, das gesamte System und den gesamten Prozess immer im Blick zu haben und zugleich erste Lern- und Entwicklungsschritte anzuregen. Großgruppen zu moderieren erfordert daher Beratungskompetenz, Wissen über die Logik von Organisationen, von Veränderungsprozessen. Moderationskompetenz allein ist bei Weitem nicht ausreichend. Ohne Beratungserfahrung und Erfahrung mit großen Systemen sollte man keine Großkonferenz leiten.

Aber auch während der Konferenz ist oft mehr als nur Moderationsarbeit zu leisten. Nicht selten braucht das Management während der Konferenz beraterische Unterstützung – sei es, um sich auf Reaktionen und Antworten auf Fragen aus dem Plenum vorzubereiten, sei es, weil in der Aufregung alte Muster zu zerbrechen drohen. Diese Arbeit ist die Backstage-Arbeit, die hohe Beratungskompetenz erfordert.

6.4 Genaue Vorbereitung ist mehr als die halbe Miete

Großgruppen sind Veranstaltungen, die den Teilnehmern viel Raum für Dialog, Reflexion, Kreativität bieten. Dafür muss dieser Raum sehr aber genau geplant und gestaltet werden. Nichts kann dem Zufall überlassen werden. Sogar die *sehr offene* Open-Space-Veranstaltung hat, wie ich gezeigt habe, einen sehr strikten Rahmen mit sehr genauen Vorgaben.

Mit Ausnahme von Open Space sind die Designs von Großgruppen exakt und auf die Minute genau geplante Veranstaltungen. Die Arbeitsaufträge an die Gruppen sind ebenso präzise vorbereitet wie die vielen Details der Infrastruktur des Raumes, der Inputs oder der Fragen der Verpflegung. Erst der stabile Rahmen gibt den Teilnehmern Sicherheit und Freiraum für offene Dialoge und kreative Ideen.

Die Planung einer Organisationskonferenz erfordert daher um vieles mehr Zeit und Aufwand als Kleingruppenveranstaltung, ist oft mit Meetings mit der Steuerungsgruppe, dem Management, externen Inputgebern, einer Resonanzgruppe und dergleichen verbunden. Das Verhältnis von Vorbereitung zu Durchführung liegt im Schnitt bei 1:3.

Als Moderator sollten Sie während der Veranstaltung ihr schriftliches Design immer griffbereit haben, um nicht die Übersicht zu verlieren.

6.5 Die Bühne der Konferenz gehört den Kunden – nicht dem Moderator

Die Arbeit mit Großgruppen kann zu einer narzisstischen Droge für Moderatoren oder Berater werden. Großgruppen und Organisationskonferenzen sind aber keine Bühne für die Selbstdarstellung der Berater. Die Rolle der Moderation ist die der Begleitung, der Unterstützung, der Hilfestellung. Wenn Moderatoren sich bei solchen Veranstaltungen zu sehr in den Vordergrund drängen und ihre eigene Show daraus machen, wird das vielleicht unterhaltsam für die Teilnehmer sein, aber nicht unbedingt produktiv für ihre Anliegen und Ziele. Die Moderation sorgt für ein emotionales Klima von Wertschätzung, Vertrauen und Sicherheit, aber nicht für Entertainment.

Großgruppenmoderation braucht ein gewisses Maß an Bescheidenheit und ein professionelles Verständnis vom eigenen Platz im Prozess. Besonders der öffentliche Umgang mit der Hierarchie bedarf großer Achtsamkeit.

6.6 Umgang mit dem Management

Großgruppenkonferenzen sind trotz ihrer partizipativen Grundidee keine basisdemokratischen Veranstaltungen. Trotz der sehr egalitären Grundstimmung braucht die Führung bei solchen Veranstaltungen Schutz und Unterstützung, mitunter auch selbst ein wenig Führung (hinter den Bühne). Man sollte daher niemals öffentliche Bekenntnisse oder Entscheidungen von Führungskräften verlangen oder sonst etwas unternehmen, das zu Gesichtsverlust führt. Die Hierarchie ist zu respektieren. Das Management braucht einen würdigen und respektvollen Rahmen und Platz, damit es den Mitarbeitern Sicherheit geben kann.

Meiner Erfahrung nach ist das Management jener Teil der Organisation, der durch Organisationskonferenzen am meisten lernt, aber auch am meisten gefordert ist. Gelernt wird nicht selten, dass die Mitarbeiter nicht ganz so unfähig sind, wie die Führung immer vermutet hatte. Das Erlebnis, wie auch einfache Mitarbeiter beherzt und sachkundig auftreten und in das Mikrofon sprechen, verändert oft das Bild der Führung von ihren Mitarbeitern nachhaltig.

Als Berater unterstützen Sie einen Prozess, in dem die Führung lernt, ihr eigenes Geschäft neu zu definieren und live (!) zu erproben. Dieser heikle Lernprozess muss gut unterstützt werden – ohne Besserwisserei, sondern mit Respekt für die Funktion.

6.7 Keine Angst vor großen Gruppen

Obwohl die Arbeit mit Großgruppen eine herausfordernde und komplexe Aufgabe ist, soll Ihnen dieses Büchlein Mut machen. Am besten lernt man dieses Geschäft, indem man als Berater einmal unentgeltlich als Assistent mitarbeitet und erlebt, wie so eine Konferenz abläuft.

Aber nicht immer gibt es dafür Gelegenheit. Dann muss man hineinspringen und es so gut machen, wie man kann.

Das ist aufregend. Aber ich versichere Ihnen, auch nach vielen gut gelaufenen Konferenzen bleiben das Kribbeln im Bauch und die Nervosität. Und das ist gut so.

Ich wünsche Ihnen daher viel Erfolg, viel Freude und gutes Gelingen bei Ihrer Arbeit mit großen Gruppen!

Übersicht über Großgruppen-Methoden

Beschreibung Konferenzform	Pioniere, Entwickler	Quellen Prinzipien	Struktur
Zukunftskonferenz	Marvin Weisbord	**Quellen** Feldtheorie Kurt Lewins; sozioökonomischer Systemansatz: Erich Trist (USA) und Fred Emery (Australien) **Prinzipien** „Bring the whole system in the room": Mit dem ganzen System (und seiner Umwelt) arbeiten; „Touching common ground": Fokus auf Gemeinsamkeiten statt auf Konflikte	• Teilnehmerzahl: 16–72 • Dauer: 2 bis 3 Tage • Sitzordnung: Gruppen zu 8 Personen, wechselnde Zusammensetzung • Teilnahme: auf Einladung, kann auch freiwillig sein (je nach Kontext)

Beschreibung Konferenzform	Pioniere, Entwickler	Quellen Prinzipien	Struktur
Real Time Strategic Change (RTSC)	Robert W. Jacobs; Kathleen D. Dannemiller und Charles Tyson (Dannemiller Tyson Associates – DTA)	**Quellen** Kybernetik und Konstruktivismus; Organisationsforschung und -beratung (Drucker, Schein); Socio-Technical Systems (Trist, Emery); Action Learning; Appreciative Inquiry (Cooperrider) **Prinzipien** Formel der Veränderungsenergie: **D x V x F > R:** *Dissatisfaction:* Gemeinsam empfundenes Unbehangen *Vision:* ein starkes Bild der Zukunft *First Steps:* konkrete Maßnahmen Umsetzbarkeit muss gemeinsam größer sein als *Resistance:* Widerstand gegen Veränderung	• Teilnehmerzahl: 25 bis 1000 • Dauer: 1 bis 3 Tage • Sitzordnung: Gruppen zu 8 Personen, wechselnde Zusammensetzung während der Konferenz • Teilnahme: auf Einladung, aufgrund der Funktion in der Organisation *Begleitende Strukturen:* • Steuerungsteam • Planungsteam • Forschergruppen • Resonanzgruppe • Logistikteam

Prozess	**Voraussetzungen, Ziele und Anwendungen**
Durchkomponierter Ablauf folgt dem Schema Vergangenheit – Gegenwart – Zukunft: • Tag 1: Ankommen; *Vergangenheit:* gemeinsam erforschen (Timeline) • Tag 2: *Gegenwart:* – Außensichtsicht: Aktuelle Trends im Umfeld (Mindmap); – Innensicht: Stolz und Bedauern *Zukunft:* Gemeinsame Vision entwickeln • Tag 3: Gemeinsame Zukunftsbilder Umsetzung und Maßnahmenplanung	**Voraussetzungen** geeignet bei nicht hierarchischen Systemen Bereitschaft der Führung, Entscheidungen des „ganzen Systems" zu akzeptieren und die Hierarchie kurzzeitig außer Kraft zu setzen **Ziele und Anwendungen** *Ziel:* • gemeinsame Sicht über die Zukunft herstellen. *Anwendungen:* • besonders gut geeignet bei Bottom up Entscheidungen • Bürgerinitiativen • Kommunalentwicklung • Startphasen von neuen Unternehmen • Neubeginn etwa bei Post-Merger-Integrationen

Prozess	**Voraussetzungen, Ziele und Anwendungen**
Design frei gestaltbar Der Ablauf folgt (im Allgemeinen) der Formel D x V x F > R: • Tag 1: Aufrütteln: ein Gefühl der Dringlichkeit und des Handlungsbedarfs erzeugen Gemeinsame Datenbasis schaffen • Tag 2: Entwickeln von Zukunftsbildern und strategischen Zielen • Tag 3: Umsetzung und Maßnahmenplanung RTSC-Konferenzen sind häufig Teil von umfassenden Change-Prozessen	**Voraussetzungen** strategische Vorentscheidung durch das Management Bereitschaft des Managements, die Ideen der Mitarbeiter in die Strategie aufzunehmen **Ziele und Anwendungen** *Ziele:* • gemeinsame Ausrichtung auf eine neue Strategie • Einbindung der Mitglieder der Organisation • leichtere und nachhaltige Umsetzung *Anwendungen:* • Strategie-Entwicklung • Leitbild-Entwicklung • Kulturwandel • Post-Merger-Integration • Umstrukturierungen • interkulturelle Kooperationen

Beschreibung Konferenzform	Pioniere, Entwickler	Quellen Prinzipien	Struktur
Appreciative Inquiry (AI) Summit	David Cooperrider, Diana Whitney	**Quellen** Konstruktivismus, Kybernetik, sozio-ökonomischer Systemansatz; *Appreciative:* ressourcenorientierte Beratung *Inquiry:* Narrativer Ansatz (Storytelling): AI-Interview als Drehscheibe des Prozesses Kernfragen: „What works?“; „What gives life?“ **Prinzipien** AI-Prozess in 5 Schritten: 1. Entscheiden für das Ziel der Veränderung 2. Erforschen der Ressourcen für die Veränderung 3. Erfinden der gemeinsamen Vision 4. Entwickeln der neuen Situation 5. Entfalten der Aktivitäten zur Umsetzung	• Teilnehmerzahl: 50–2000 • Dauer: 1–3 Tage • Grundstruktur: Paare (AI-Interviews) -> Gruppen zu 4 Paaren (Verdichtung) -> Plenum Teilnahme auf Einladung, kann auch freiwillig sein

Prozess	**Voraussetzungen, Ziele und Anwendungen**
Der Ablauf folgt den Schritten des AI-Prozesses: Im Vorfeld wird die Entscheidung über das Ziel des Prozesses getroffen. Darauf aufbauend werden in der Konferenz die weiteren Schritte gesetzt: • Tag 1 *Erforschen (der Ressourcen)* – Wertschätzende Interviews – Zusammenfassen der Ergebnisse in den Gruppen – Erzählen der besten Geschichten zu den Kernthemen der Veranstaltung • Tag 2: *Erfinden (der Zukunft)* – Kreative Präsentationen von Visionen – Zusammenfassen der Gemeinsamkeite *Entwickeln* *(der neuen Situation)* – Schärfen der Vision – Formulieren der wichtigsten Leitgedanken und Elemente des Neuen – Formulieren der größten Herausforderungen • Tag 3 *Entfalten* *(der Umsetzungsaktivitäten)* – Maßnahmen planen – Ziele definieren – Verantwortliche nennen – Inspirierende Wege erfinden – Transfer in die Organisation planen, Kommunikations-Design machen – Abschluss	**Voraussetzungen** ähnlich wie bei RTSC-Konferenzen Bereitschaft des Managements, die eigene persönliche Haltung und die Kultur der Organisation zu verändern **Ziele und Anwendungen** *Ziele:* • Änderung der Haltung und Kultur in Organisationen anregen: • von einer defizitorientierten „Reparatur"-Logik zu einer ressourcen-orientierten Wachstumslogik führen *Anwendungen:* • besonders gut mit anderen Interventionen und Methoden zu kombinieren • AI-Interviews als Einstieg in Meetings • Cultural-Change-Prozesse • Umstrukturierungen • Post-Merger-Integration • Strategieentwicklung • Organisationsdiagnosen

Beschreibung Konferenzform	Pioniere, Entwickler	Quellen Prinzipien	Struktur
Open Space	Harrison Owen	**Quellen** Chaostheorie; Selbstorganisation Kommunikationsformen in alten Kulturen **Prinzipien** • Raum • Zeit • Prozess • Energie Wichtigster Grundsatz: Leidenschaft und Verantwortung	• Teilnehmerzahl: 5–1000. Die Teilnehmer können eingeladen werden oder aber je nach Interesse freiwillig teilnehmen. • Dauer: ½–3 Tage • Form: großer Kreis und kleine Gruppen

Beschreibung Konferenzform	Pioniere, Entwickler	Quellen Prinzipien	Struktur
World Café	Juanita Brown, David Isaacs	**Quellen** Chaostheorie; Selbstorganisation lebender Systeme Systemtheorie: Kommunikation als Kernelement von Organisationen Vernetzung von Dialogen **Prinzipien:** • Klären von Sinn und Ziel • einen angenehmen Rahmen schaffen • Fragen wählen, die für die Teilnehmer und ihrer Praxis relevant sind • verschiedene Menschen mit unterschiedlichen Perspektiven verbinden • einander zuhören und gemeinsam nach Mustern, Einsichten und vertiefenden Fragen suchen • die gemeinsamen Erkenntnisse sichtbar machen	• Teilnehmerzahl: 15 bis 1500. Die Teilnehmer können eingeladen werden oder aber je nach Interesse freiwillig teilnehmen. • Dauer: ½ Tag (je nach Thema) • Form: viele kleine Kaffeehaustische oder Stehtische für jeweils 4–5 Personen; Papierdecken zum Beschreiben Bekritzeln

Prozess	Voraussetzungen, Ziele und Anwendungen
Ablauf • Eröffnung durch Moderator • Nennen von Themen der Teilnehmer, für die sie Leidenschaft haben und Verantwortung übernehmen • Bilden von Arbeitsgruppen • Morgen- oder Abendnachrichten • Berichte der Arbeitsgruppen an der Anschlagtafel • Bearbeiten der Ergebnisse in Gruppen • gemeinsamer Abschluss (Ritual)	**Voraussetzungen** 1. ein klar fomuliertes Thema, Ziel oder Anliegen 2. Bereitschaft (aller Teilnehmer), sich auf den Selbstorganisations-prozess einzulassen Der klare inhaltliche Fokus und die offene Struktur bilden den notwendigen Spannungsbogen. **Ziele und Anwendungen** *Ziele:* • Lösungen entwickeln, für die gemeinsame Energie vorhanden und gemeinsam Verantwortung übernommen wird. *Anwendungen:* • gut mit anderen Konferenzformen zu kombinieren. • Lösungen für komplexe Problemstellungen • Ideensammlung als Entscheidungsgrundlage • Veränderungsprozesse einleiten • bestimmte Themenstellungen weiter entwickeln (z. B. Qualität, Kundenorientierung etc.) • Maßnahmenplanungen bei strategischen Prozessen erarbeiten

Prozess	Voraussetzungen, Ziele und Anwendungen
Ablauf: 1. Vorstellen von Anlass, Thema bzw. Fragestellung, Prinzipien und Etiketten des World Café 2. Gespräche an den Tischen in ca. 3 Runden. Teilnehmer wechseln zu anderen Tischen, Gastgeber bleibt zurück 3. Präsentation der Ergebnisse durch Tischgastgeber	**Voraussetzungen** gut geeignet für Wissensvernetzung, Wissensmanagement und die Entwicklung neuer Ideen Definition eines Themas bzw. einer Fragestellung, die für die Teilnehmer von hoher Relevanz ist Offenheit und Bereitschaft, sich auf einen Dialog und auf andere Sichtweisen einzulassen als Element größerer Konferenzen oder Prozesse einzusetzen **Ziele und Anwendungen**

Literatur

Argyris, C. u. D. A. Schön (1999): Die Lernende Organisation. Ort Stuttgart (Klett-Cotta).

Bonsen, M. zur (1995): Simultaneous Change: Schneller Wandel mit großen Gruppen. *Organisationsentwicklung* 14 (4): 30–41.

Bonsen, M. zur (2003): Real Time Strategic Change. Schneller Wandel mit großen Gruppen. Stuttgart (Klett-Cotta).

Bonsen, M. zur u. C. Maleh (2001): Appreciative Inquiry (AI): Der Weg zu Spitzenleistungen. Weinheim/Basel (Beltz).

Brown, J., D. Isaacs a. The World Café Community (2001): The world café: Living knowledge through conversations that matter. *The Systems Thinker* 12 (5). Verfügbar unter: http://www.theworldcafe.com/articles/STCoverStory.pdf [14.12.2007].

Bunker, B. B. a. B. T. Alban (2006): The handbook of large group methods. San Francisco (Jossey-Bass).

Cooperrider, D., P. F. Sorensen Jr., D. Whitney a. T. F. Yaeger (eds.) (2000): Appreciative inquiry. Rethinking organization toward a positive theory of change. Champaign, IL (Stipes).

Dannemiller Tyson Associates [= Kathleen D. Dannemiller, Charles Tyson, Associates] (2000): Whole scale change. Unleashing the magic in organizations. San Francisco (Berrett-Koehler). (Siehe auch: www.dannemiller-tyson.com [4.12.2007].

Donnenberg, O. (Hrsg.) (1999): Action Learning. Ein Handbuch. Stuttgart (Klett-Cotta).

Heintel, P. (2000): Reflexionen zum Thema Massen und faschistoide Phänomene und zur Organisation von Großgruppen. In: R. Königswieser u. M. Keil (Hrsg.): Das Feuer großer Gruppen. Stuttgart (Klett-Cotta).

Holman, P. u. T. Devane (Hrsg.) (2002): Change Handbook. Zukunftsorientierte Großgruppenmethoden. Heidelberg (Carl-Auer), 2. Aufl. 2006.

Isaacs, D. (2007): Die Entdeckung des World Café: Intellectual Capital Pioneers. In: J. Brown u. D. Isaacs: Das World Café. Kreative Zukunftsgestaltung in Organisationen und Gesellschaft. Heidelberg (Carl-Auer).

Jacobs, R. W. (1994): Real time strategic change. San Francisco (Berrett-Koehler),

König, O. u. K. Schattenhofer (2007): Einführung in die Gruppendynamik. Heidelberg (Carl-Auer), 2. Aufl.

Maleh, C. (2000): Open Space: Effektiv arbeiten mit großen Gruppen. Weinheim und Basel (Beltz).

Owen, H. (2001a): Open Space Technology. Stuttgart (Klett-Cotta).
Owen, H. (2001b): Die Erweiterung des Möglichen. Die Entdeckung von Open Space. Stuttgart (Klett-Cotta).
Petri, K. (1996): Let's Meet in Open Space! *Organisationsentwicklung* 15 (2): 56–64.
Reichel, G., R. Rabenstein u. M. Thanhoffer (1982): Bewegung für die Gruppe. Linz (AGB – arbeitsgemeinschaft für gruppenberatung).
Weisbord, M. (1996): Zukunftskonferenzen 1: Methode und Dynamik. *Organisationsentwicklung* 15 (1): 4–13.
Weisbord, M. a. S. Janoff (2000): Future search. An action search to finding common ground in organizations & communities. San Francisco (Berrett-Koehler).
Whitney, D. a. A. Trosten-Bloom (2003): The power of appreciative inquiry. San Francisco (Berrett-Koehler).
Wimmer, R. (2004): OE am Scheideweg. *Organisationsentwicklung* 23 (1): 24–39.
The World Café Community: Das World Café präsentiert … Eine kurze Einführung, um Gespräche in Gang zu bringen. Verfügbar unter: http://www.theworldcafe.com/translations/Germancafetogo.pdf [18.12.2007].

Über die Autorin

Ruth Seliger, Dr., Systemische Organisationsberaterin; Gründerin und geschäftsführende Gesellschafterin von trainconsulting. Expertin für Führung, Positive Leadership, Systemisches Change Management sowie das Zusammenspiel von Organisationen / Unternehmen und zivilgesellschaftlichen Bewegungen im Rahmen gesellschaftlicher Veränderungsprozesse. Publikationen u. a. *Das Dschungelbuch der Führung* (7. Aufl. 2018).

Kontakt: *www.trainconsulting.eu*